從古今大師
如何突破說起

破格思考

陳載澧 著

商務印書館

破格思考 —— 從古今大師如何突破説起

作　　者：陳載澧

責任編輯：蔡枳音

封面設計：張　毅

插　　圖：張曉帆

出　　版：商務印書館 (香港) 有限公司
　　　　　香港筲箕灣耀興道 3 號東滙廣場 8 樓
　　　　　http://www.commercialpress.com.hk

發　　行：香港聯合書刊物流有限公司
　　　　　香港新界大埔汀麗路 36 號中華商務印刷大廈 3 字樓

印　　刷：美雅印刷製本有限公司
　　　　　九龍官塘榮業街 6 號海濱工業大廈 4 樓 A

版　　次：2015 年 9 月第 1 版第 2 次印刷
　　　　　© 2014 商務印書館 (香港) 有限公司
　　　　　ISBN 978 962 07 3423 6
　　　　　Printed in Hong Kong

自　序

　　企管理論大師漢迪（C. Handy）說自己在大學時沒有學到多少東西，除了一項隱藏的信息 —— 那就是世間的所有重大問題都早已被解決了，只是自己還未知道那些答案。他說："在往後的年月裏，我每碰到陌生問題，想也不想便四處找專家求救。我從未意識到有些問題對任何一個人都是陌生的，得靠自己去找尋答案……多年後我才明白，世界的大半還是混沌未開，等待我們去開拓。這啟悟改變了我的生命，我不再袖手旁觀那迷陣究竟有甚麼謎底；我可以一躍而進去實踐自己的想法、撰寫自己的腳本、創建自己的將來。"

　　就像美國思想家蕭恩（D. A. Schön）所言，人類可能涉足的知性或實務境域，就像一望無際的沼澤，絕大部分誰也未曾到過，更不會有已繪製好的地圖。已經開拓的知識領域，則可比喻為這無際荒野中疏疏落落的幾片尖削小山；山上雖已梳理得井然有序，卻與周際的莽原無多少關係。

　　問題是，無論你進行的是科學研究、藝術創作、商機開拓、社羣服務，甚或只是學生活動的一點新意思，要耕涉的還是那榛莽叢生沼澤的某角。面對現實上的如此挑戰，無論是誰都只能把心一橫"撰寫自己的腳本"。我們或可參考哈佛大學學習輔導中心牆上的那句諺語："要記得，他們都不懂！"現實上能幹出成績的人，都是一而再、再而三地要進入不辨西東的渾茫境域之中。

正因如此，"創意思考"早已不是可有可無的奢侈品，而是在這現實世界裏要辦點實事之必須。個人因緣際會，數十年來曾有幸較深入地涉獵了物理學研究、學生工作、戲劇編導與設計、中港台文化交流策劃、創意寫作培訓、兩所大學的通識教育開拓行動……。今天回頭再細想，確曾在實踐中朦朦朧朧地啟動了不少創意的思維。但是，對此領域經典文獻的接觸、對創意思考理論的系統探究，卻是在較後期才正式起步。

記得那是 1992 年春的某天，與當時仍任上海戲劇學院院長的余秋雨於靜安午飯時上天下地侃談，話題落到他們學院的劇本創作課程上去。正談得興高采烈，冷不防秋雨説："你不是明年港大有長假嗎，何不就來我們上海戲劇學院，主持我們戲文系畢業班的創作課，指導學生的畢業創作？"我當時正在亢奮中，未及多想便説："好哇！"

回港後細想此事，才懂得暗暗心驚：自己雖也曾主持過一些劇本創作坊，但突然要擔起幾個月培育優質創作苗子的課程，責任不可謂不重。於是便尋師訪友，但折騰了一段時日後，便發現個人認識的不少作家朋友原來皆作而不述，更多數不相信有系統培育寫作人才的辦法。

終於有一天，與當時在港大的一個 Fulbright 訪問學人格芬（K. Given）偶遇，聽他提到艾爾堡（P. Elbow）在《無師寫作》（*Writing Without Teachers*）一書裏的"隨意寫作"及"無師互動"等技法。往圖書館翻閱之餘，又輾轉涉獵到柯斯勒（A. Koestler）《創造的行為》（*The Act of Creation*）、狄·邦諾（E. de Bono）《橫向思維》（*Lateral Thinking*）、阿當斯（J. L. Adams）《認知破障》（*Conceptual Blockbusting*）、麥金（R. H. McKim）《視象思維》（*Experiences in Visual Thinking*）等佳作，不獨讓我對上戲劇課程的構想開始有了突破，還漸漸發現，其中的理念與自己多年以來在各領域的涉獵步伐此呼彼應。

還記得問題縈繞心際的某天，與同在港大數學系任教的丁南僑談論別事時，他偶然提到曾在美國參加一個繪畫課程，當時主持導師播出一些有特別感覺的電影片段，讓學員按腦子裏浮現的聯想，速寫成畫，然後又播映另一電影片段。學員積累了若干張塗鴉之後，便叫他們回家後各自選出兩、三幅，以之融合交織為統一的畫作。聽到後我豁然有悟，這裏已包含了兩種最具潛力的策略：其一是跨越媒體觸發想像，擷取新意思；其二是讓本來無關的思緒互相碰撞，融會成嶄新的想法 —— 這正與柯斯勒的"偶聯"創新機制不謀而合。要把這類技法移植到寫作上去，花點心思便水到渠成。當時也想到，如要再進一步把其他創意策略的理念引伸，例如把狄·邦諾的一些橫向思考技法、麥金的視象思維練習，有機地嫁接到寫作行動上去，也已不難。

不久，整套創意寫作教學方案已漸具雛型。開始時沒找到萬應金丹，也未有仙人指點必由之路，全憑自己在迷濛中摸索，在過程中也帶着問題有機地融會創意思考經典著述或普及文獻裏的智慧。

往下的十多年，先後在香港大學及香港浸會大學創建通識教育計劃及人文素質教育計劃期間，便可更深入地參考文獻上的經典理念，有機地與當時的種種挑戰、繁複多變的人際關係、資源的必須不斷開拓、機構文化傳統等千絲萬縷的條件結合，個人殫精竭慮之際卻又往往駕御着悠然心流。個人在這十多年的創意境界，相對於早期投身科研、劇藝與文化交流等行動的年月，便因帶着問題、結合實際，不斷更有意識地活用創意思考的經典智慧，而進入了新的境界。

　　十多年來曾在各大報章撰寫了不少專欄文章，在這裏便特別挑選了數十篇有關創意思考的，盡綿力加工、修輯、組合編寫成書。相信如上所言，內容既刻意吸納墾拓生涯的深切體悟，與創意思考的理念與技法融會貫通，或許也能讓讀者有再上層樓的新體悟。

目　錄

第五章
實踐創意思考技法

第一章

啟動
創意之輪

引言

　　近年在學校內或公開的講座裏談論怎樣才是真正的學習，每每先放映《創奇者》（*The Miracle Worker*）電影裏聾盲女作家海倫・凱勒（Helen Keller）七歲時在水井旁驀然突破的一節。戲中女教師蘇莉文正要讓女孩重新注滿她使性子倒光了的水瓶。當水泵裏涼颼颼的水濺到她的小手時，她竟呆住了，連水瓶都丟掉，雙手掬着汩汩之水，口中咿哦，以絕不準確的發音喊着 WA-TER —— 那是女教師多月以來讓她憑着觸撫舌頭與喉際的顫動去模仿的技能；可惜對這玩意兒，也如對蘇莉文要讓她學習的觸覺拼字一樣，她一直只能視之為猴子把戲般模仿，完全猜不到內裏的意義，甚至想不到它們會有任何意義。

　　蘇莉文老師驚覺到，這小女孩可能正面臨那關鍵的突破一刻，乃在她的小手裏用觸覺手語拼寫 WATER 這個字。海倫凝神體會着，急不及待便在老師的掌中重拼這些字母。蘇莉文把她的小手按到自己的面龐上，大力點着頭。海倫果然已在這頃刻間驀然悟到：大千世界裏的事事物物都有個名字 —— 七年以來她只憑觸覺、嗅覺、味覺接觸到的那個單調的世界，與她近月來憑機械模仿掌握到的許多"猴子把戲"，在這一瞬間竟滲透融合，組成一個比兩者簡單相加豐茂百倍的多維天地。

這當然只可算是"學習"的個例；但海倫‧凱勒從不知到知之的突破，在認知機制上與一般的"創新"並無二致。在那短短的剎那間，她腦子裏**兩塊一直以來互不相關的認知結構竟驀然契合，組建成比兩者相加遠遠更豐茂的資訊大樹**。這正是柯斯勒（A. Koestler）提出的**偶聯作用**（**Bisociation**）——創新行動的心智機制。

另一方面，從（1）海倫幾個月來的努力不懈學習單字發音與觸覺拼字，到（2）當天晚上因家中父母親的建議暫時擱置學習，以便進行家庭聚餐，到（3）在井畔水濺小手時在瞬息之間有所啟悟，到（4）向老師求證後又繼續追問周遭事物的名字。整個過程正驗證了亥姆霍茲（H. von Helmholtz）於 1896 年揭櫫，華萊士（G. Wallas）在 1926 年加工完成的創新行動**四階段模型**。這理論指出，在行動起始時總有一番在意識層上的殫精竭慮，稱為"準備階段"（preparation）。然後在百思未得其解之後，或因疲怠而稍遏，或因其他事務而分神，創新者或會經歷一段已把原來的問題置諸腦後的時間，這段時間可以是幾分鐘，也可以是窮年累月，稱為"孵育階段"（incubation），這時認知活動沉潛到無意識層，仍在那裏騷動翻騰，但創新者卻往往並無所覺。一俟機緣湊合，受到新的陌生信息的碰撞激化，潛藏的思考元素才像猛然驚醒，與新的信息作天衣無縫地結合，產生了創造性的意念，這一刻叫"突破階段"（illumination）。主體豁然而悟之後，再回到意識層上作理智思考、驗證、發展，是謂"驗證階段"（verification）。

就在上述那水濺小手的一剎那，小海倫猛然悟到這就是近月憑觸覺學到的 WA-TER，進而想到事事物物都有個名字，人世間甚至竟有語言這回事。企管理論家漢迪（C. Handy）指出，這以嶄新角度審視世界的"第三隻眼睛"，是創新者必須具備的素質，是"創意之輪"的其中一個關鍵環節。

在電影裏，小海倫接着便猛地撲到地上去，拍打着泥土。老師追上去，在她的手心拼出了"地"這個英文字。海倫在老師的手掌裏重複拼字，撫摸着老師的臉龐得到點頭認可後，又跑回水泵那邊去，焦急地拍打要問這東西的拼法，然後跑到小樹，然後屋前的梯級，又拉着門前銅鐘的繩叮噹地搖着……她近乎瘋狂的舉動正顯示了她要尋求知識的"激情"，也正是漢迪"創意之輪"上的另一個關鍵環節。這激情原是人類的本能動力，海倫一直以來便已具備：在幼小的心靈仍是一片混沌的那些歲月裏，她從來沒有丟失認識世界的深心渴求。

正是不息的激情，讓海倫能長處渾茫之境，承受無數挫折，不惶恐不焦躁，鍥而不捨繼續尋索，直至柳暗花明。這種在迷濛中的韌力，便是漢迪所説創意之輪的另一個環節——"負的能量"。

"激情"、"負的能量"與"第三隻眼睛"這三個主體質素的環節連綿互動、首尾相接組成良性的循環，可稱之為**創意之輪**。要尋求或發展創新的心靈質素，也得從這些方面入手。

國學大師王國維曾以宋人詞句，述說做學問工夫的三種境界：

昨夜西風凋碧樹，獨上高樓，望盡天涯路。

—— 晏殊《蝶戀花》

衣帶漸寬終不悔，為伊消得人憔悴。

—— 柳永《蝶戀花》

眾裏尋他千百度，驀然回首，那人卻在燈火闌珊處。

—— 辛棄疾《青玉案》

這三種境界，正與大半個世紀後，大洋彼岸漢迪所提出的創意之輪中三個環節遙遙呼應。

往下這章的 19 篇短文，多是環繞創新機制的"偶聯作用"、創新過程的"四階段論"及主體質素的"創意之輪"，作進一步的表述、引申、探討。

洗澡水的創新啟發

　　阿基米德（Archimedes）發現他那著名的浮體原理的故事，是人所共知的。尤其是他頓然大悟之後，衣履未整從浴室衝到大街上大叫 Eureka！Eureka！（我發現了！）的戲劇場面。這裏且談談這件軼事，對於創新和發現的機理有甚麼啟示。

　　當時是敍拉古城的國王懷疑工匠替他做的王冠，用的不是純金，而是摻了銀質。他讓阿基米德替他斷定。阿基米德當然知道黃金的比重比銀要高，只要量得王冠的體積，問題就迎刃而解。但王冠的形狀凹凸不平，怎樣可量度體積呢？

　　我們知道阿氏是計算體積的高手，例如今天我們用以計算圓球、圓錐、圓柱等方程式，就是他發現的，那還是在微積分面世的 2000 年前。可以想像這位天才殫精竭慮，研究怎樣把王冠分割成種種可以計算的局部。但王冠的形狀畢竟太複雜了，沿着這路向想了好幾天，總不能解決。要是能把王冠熔化，那熔液的體積便當然可量出，問題是珍貴的王冠不容損毀……。他的思路繞了許多圈子，又回到原點，沒有進展。

　　直到有一天，他去洗澡。當軀體慢慢浸入水中時，他看到水平面從浴池壁上的某一行漬垢緩緩升到另一行去。他猛然悟到排出的水容量，與他身體浸在水中的體積，應該完全一樣。那麼，要量度王冠的體積，只需量度它的排水量便可以了。

相信在這之前，阿基米德肯定已多次注意到自己沉身下水時水位的變化。而且在每次洗澡之前，他都一定把水位調低一點，讓下水時澡水不會溢出。甚至可以想像，要是他要替來訪的胖子客人調水洗澡的話，都會懂得把水位調得更低。只是在此之前，阿基米德從沒有把洗澡時的浮想聯翩，與嚴肅的力學思考結合起來。

柯斯勒（A. Koestler）在《創造的行為》（The Act of Creation）一書中，列舉了許多歷史上創新和發明的例子，指出創造行為的產生，實是由於兩組本來無關的心智活動的交叉連接——"偶聯作用"（bisociation）。在上面這個例子裏，一組是阿基米德為解決王冠體積問題的種種科技工程的思維；另一組就是他平日洗澡時有關水面高度的浮想與感知。平時這兩者並無相關，但在這特殊的契機中驀然遇合，從而達成了創新的突破。

各種層次的創新行為也是一樣：企業家的一個賺錢謀略、大學學生會辦活動的一個新穎有效想法……無不是源於不同心智層面的滙合。

打籃球的鬼

　　多年前曾赴上海戲劇學院獃了半年，主持畢業班的創作課。離港到上海開課前一周，我去信上海，要求同學都預先給我寫出自己生平最難忘的兩、三樣事物。抵滬後我花了兩天一一與他們面見，挑出每人寫下的其中兩種，請他們圍繞着該二事構想一個故事意念。我不要求他們寫"大綱"──在意念的框架上填充潤飾，不可能創造出有生命力的作品，我只是讓他們為快將進行的長期探索，找尋一個臨時的起點。

　　有一位學生小勐在回信中説自己到深圳探親時迷上了港產的"鬼電影"；另外，他自小就喜愛打籃球，至今進了大學仍未忘情。我對他説："那好哇！你可否構思一個以'籃球'和'鬼'為主要元素的故事？"他點頭，但離去時我還看到他疑惑的眼神。幾天後，他卻在課後找我，向我縷述一個初始的意念：

　　　　一個 14 歲的孩子，深夜在籃球場上獨自投籃，突然瞥見簡陋的觀眾席上有一男人在看着。不久，兩人就籃球的話題搭訕起來，那人還指出了他基本動作上的一些毛病。孩子當然不服氣，於是兩人一對一比賽起來，孩子加上了賴皮還一直是輸。兩人停停打打，休息的當兒談了許多話，從球鞋到電影到學校……那人似乎特別關注孩子的學習生活。他們從最初的針鋒相對到愈來愈投契，也暴露了許多莫名其妙的文化差異。小孩說："哎，你好像活在另一個星球！"後來孩子提到自己的爸爸從前是籃球國手，可惜在文革中失蹤了，媽媽從來不肯說爸爸的事，但相信已經去世。"要是他在這裏，你可不是他的對手呢！"他突然心念一動，問那男人既然他打球也那麼好，會否認識爸爸……。後來，媽媽在遠處樓上呼喊小孩回家，於是兩人道別，那人的身影消失在茫茫夜色裏。孩子挽着籃球怔怔地看着遠處，似乎隱隱感覺到，那會不會就是他？……

小勐後來只花了一個星期便寫出初稿。完成後的作品真摯動人，也有舞台魅力。後來聽説有劇團物色了一位專業籃球員及一位球技不錯的少年演員，把籃球架搬上舞台，上演了這齣戲。

"籃球"與"鬼"，風馬牛不相及的兩組意念，以隨機的方式產生，放在一起，最初只覺得其或有可為，經小勐努力探索之後，果然發現了盎然的生機。不只是他，戲劇文學系畢業班裏的好幾位同學，結果都以他們"最喜愛的二三事物"產生的初始意念，輾轉發展成挺像樣的劇本。這些事例不獨體現了前文提出柯斯勒（A. Koestler）的"偶聯"機制，而我給上海戲劇學院學生的寫作練習，也是有意識讓他們啟動及體驗這創新機制的作用。過程還與認知心理學家芬克（R. Finke）等人提出的"生發創新模型"（Geneplore Theory）吻合。芬克認為不少創新行為都可以劃分為兩個階段：首先，創新者以某種方式"產生"一個想法；然後，他仔細探究，"發現"這意念的創新潛力。深入探究後確有可能發現那個意念荒誕無用，但也有可能終於導致可喜的成果。

畢加索的**併合創意**

當你站在名畫《亞威農的少女》那縱橫超過兩米半的巨幅前，不免會被那驚人的氣勢震懾。那五具扭曲的胴體和一組靜物，築構了整個畫面。背景的幕幔，像翻摺到空間的前端，與人體壓擠在同一的平面；桃紅、赭石、蔚藍的奇險色彩組合，更增強了撲面而來的壓迫力。前端那棗紅托白勾繫的果盤，在拒人千里的少女目光中像要招手呼喚你進入畫中的世界。

最使你目光再三留連的，是畫中右上角那女人的面孔，以幾條極簡單的線條勾勒而成，顏面上還有那深深刻鏤的條紋……距離傳統的美感，不可能更遠的了。《亞威農的少女》常被認為是 20 世紀最重要的畫作；奇怪的是，創作者畢加索（P. Picasso）總覺得這畫未算完成，到了 1937 年才第一次發表，距離完成畫作的時間約 30 年。

1906 年畢加索為構思此畫做了大量的素描。最初的素描畫面有七個人，五女二男。除了右下角的女人肢體角度較為怪異之外，其他人體沒多大變形。題材是妓院的景致，中間坐着的男人是嫖客，五名妓女眾星伴月般圍繞着他。在右面正拉開帷幕剛要進來的，是一個手持骷髏頭的醫學院學生。

畢加索年輕時曾是煙花之地的常客，因此對當時仍是不治之症的性病常懷着恐懼。他曾往巴黎的醫院考察素描，觀察患有末期性病的妓女 —— 她們臉上有腫瘤，軀體上佈滿流膿的潰瘍，在精神錯亂中奄奄一息。他殫精竭慮要表達的，正是那放浪生活中既迷人卻又可怖的張力。

在後期的構思素描中，他已摒棄了畫面上的兩個男像，只留下五名妓女，構圖因而顯得簡潔、有力和統一。但這麼一來，他原本要傳遞的矛盾信息，便難免缺少了恐懼與抗拒的那一端。

專家曾以 X 射線透視現存真跡，發現在完成作品表層下的初稿上，畢加索已按照這後期的設想，開始了油畫的創作。這時他偶然在野獸派畫家德朗（A. Derain）的慫恿下，去參觀了人種文化館，就在那裏他被非洲的原始人頭雕塑吸引住了 —— 棱角分明、渾然有勁的造型，就像塞尚（P. Cézanne）以前倡議過的 "用簡單的幾何立體構成"；那顏面上的平行黥紋，更觸動無意識裏的震悚。他回到畫室之後，就把幾個人體重畫，改變了布幔與果盤的表現方式，重組空間關係。右邊兩個婦女的形象更大大改變了，吸納了原始雕塑的特徵，於是 "醜陋" 第一次在畫幅上出現，並從此開拓了新時期的美學。

藝術的創新與科學發現並無二致，這裏也是兩組認知構塊的驀然契合 —— 或稱 "偶聯作用" —— 一方面是對某種社會行為的深刻感受，另一方面是與原始藝術的偶遇。"水在瓶中月在天"，一朝影形相照，乃達成了創新。

物種起源學說的線索

　　達爾文（C. Darwin）的"物種起源"學說，源自三個本來互不相關，但本身已是比較完整的線索，它們在某些特殊條件下，驀然契合 —— 其過程也是如柯斯勒（A. Koestler）所說的達成創造性行動的"偶聯作用"。

　　第一條線索是進化論：根據達爾文晚年寫的自傳，他是在 1836 年，作為博物學家隨"獵兔犬號"戰艦考察南美洲後，成為進化論者的。在那次旅途中，他深深感受到繁殖於那個大陸的有機生物的分佈特點，尤其是那大片土地的地質地貌，與今日及往昔聚居於此的種種生物之間的關係。這些都給予他提示，說明現存物種早經過千萬年的演化，並非從盤古初開就是這個樣子。這個想法一點也不新，在 1794~1795 年間，在德國的歌德（J. Goethe）、英國的伊拉斯謨斯·達爾文（E. Darwin，查理斯·達爾文的祖父）、法國的聖·希耶爾（G. St. Hilaire）已鄭重提出此觀念，那時距達爾文的出生還要早 15 年。

　　第二條線索是演化的機制：那就是說，物種是怎樣變異的呢？當時進化論者裏的主流學派，以拉馬克（J. B. Lamarck）為代表。他認為，動物的軀體特徵都由"需要"所決定，特殊的器官會根據它是否有實際用途而長出或萎退，而且這些在動物生命過程中產生的變化，還會遺傳給下一代。換句話説，長頸鹿的脖子長就是因為要吃樹上的葉子，而長脖子又可以通過遺傳，成為子子孫孫的特性。

但達爾文看到了同樣的環境裏物種千變萬化，極不相同的環境中又可孕育出相同的生物，那都不像是拉馬克理論所能解釋的。他懷疑物種變異是生物一代一代繁殖過程中發生的，於是他又開始考察動物的配種。他搜集回來的資料雖然仍有不少是荒誕的 —— 例如因病丟掉牴角的母牛生下的小牛也沒有角，但他卻能從這許多質素不一的資料中，得到生物經過累代交配繁殖，可產生巨大品種變異的結論。

不過，在人工配種的運作裏，人類執行了品種的選擇；那麼，自然界的野生動植物，經過隨機交配，繁殖出異種之後，誰來負責優選劣汰呢？

1838 年 10 月，達爾文在日記本上寫着："我偶然閱讀馬爾薩斯（T. Malthus）的人口論，目的完全是為了自娛。……我很能領悟到書中述及到處可見的生存鬥爭，並猛然悟到，在這種情況下，適應環境的變異品種較會得到保存，而不適應的則會被淘汰掉。"

達爾文便是在這偶然的情況下，找到了他需要的第三條線索，與其他兩條交互纏結，渾然築構成他的物種起源學説。博物學與人口學裏不同範疇的兩組思考，就在達爾文閒適閱讀之際，驀然組合，出現了"偶聯作用"，達成了創新。

聖靈與天際引力

牛頓（I. Newton）曾說："如果我比其他人看得更遠的話，那是因為我站在巨人的肩膀上。"相信牛頓口中的其中一位巨人就是克卜勒（J. Kepler）。

在克卜勒之前的天文學，只是一種對羣星位移的幾何描述：行星就鑲嵌在輪子上，輪子以均勻速度繞着另一輪子上的一點運行，而後者又以勻速轉動。克卜勒的發現終止了這種繁複的狀態，他認為浮游於太空的眾多行星之所以繞着太陽行走而不墜，是由於作用於它們之上的力。他的行星運動三大定律，規定了行星的軌道是橢圓而不是正圓，它們繞着太陽行走的速度也不是均勻的，而是依據離太陽的距離按簡潔的方程式變化。

克卜勒在涉足天文學之前原研習神學，在學生時期早已為 50 年前面世的哥白尼（N. Copernicus）天體運行論所吸引，常與神學院裏的修士爭辯地心學說與日心學說的問題。他的推理是形而上的，常常利用一種類比，就是把太陽、行星和它們之間的太空比喻為聖父、聖子及聖靈。太陽在眾行星的中間，巍然不動而卻是運動力量的泉源，正是創世者聖父的象徵；它通過承載着行星的空間媒介擴散它的力量，恰如聖父透過聖靈而創造萬物；聖靈不止是瀰漫於星際的抽象概念，而是一種實質的力量，驅動着眾行星。

　　克卜勒學説今天看來讓人覺得可笑的，除了上述牽強模擬神學裏“三位一體”的類比推理外，還有對太陽與行星之間力場性質的具體假設。他當時不可能對慣性原理有清晰的概念，對引力也只能有模糊的直感，於是他發現了源於太陽的一種力量，像掃帚一般驅趕行星，使之沿軌道兜轉。行星距離太陽愈遠愈走得慢，因為驅力既來自太陽，對遙遠的行星自是強弩之末。為了要解釋軌道是橢圓而非正圓，又杜撰了每顆行星都是一塊大磁石，磁極指向不變，因此時而為太陽所吸，時而為之所拒。

　　這在今天看來當然荒誕，但在克卜勒之前，沒有人想過太陽和行星之間的虛空竟存在某種力場，更沒有人認為天體的運行需要任何“物理”解釋。克卜勒的理論雖仍謬誤，但其實已是天象學與物理力學裏兩組思考的“創意偶聯”。而上述作用於行星的兩種相反力量的想法，對 70 年後的牛頓也有啟示，不過，到了牛頓，這兩種力量便成為萬有引力和離心力了。

　　克卜勒的故事，説明創新過程的錯誤階段裏，有時會隱含了最重要的範式轉移（paradigm shift），對事物孕育了嶄新的視野，就如狄·邦諾（E. de Bono）説的“謬誤中介”（第二章的〈把腿全打斷吧！〉一文會詳細敍述，頁 77）；行星運動有它的物理原因、太陽與行星之間的虛空中存在力場、行星的運動模式是兩種相反作用力爭持的結果……都是克卜勒給牛頓準備的巨人肩膀。

黑猩猩的創意

格式塔心理學派（Gestalt psychology）的創始人之一科勒（W. Köhler），在 1914 年左右養了一羣黑猩猩，以牠們為"豚鼠"做了不同的實驗，並寫成了《猿的智力》（*The Mentality of Apes*）。

其中一頭黑猩猩叫露娃。牠剛運到才三天，在籠中仍很孤獨。科勒把一根棒子放進籠裏，牠便用棒子刷掃地面，又把香蕉皮撥到一處，然後便漫不經心地把棒子丟到距圍欄約四分之三米外的地方。十分鐘後，科勒把水果放在籠外牠伸手不能及之處。露娃饞極了，在欄杆的縫隙之間拼命伸長手臂去抓，當然沒法成功。於是牠就以黑猩猩的經典模式不停地表示抱怨：牠把嘴唇嘟長了幾吋，以懇求的目光看着圍觀的人，又發出嗡嗡的嗚咽，最後還一跟斗栽倒地上。就在牠傷心與哀求之際，時間已過了不少。突然，牠掃視了棒子一眼，嗚咽戛然而止，牠抓起棒子，伸出籠外，動作雖然不太利落，卻成功把香蕉撥到伸手可及的距離。在過程中，牠不假思索便把棒子伸到遠處香蕉的後面。

露娃這次發現的過程，完全沒有經過以飼料電擊進行的條件反應操練，甚至沒有任何反覆嘗試；從牠瞄了棒子一眼開始，目的便已明確，行動更是如流水行雲，一氣呵成，與實驗迷宮裏的小鼠東竄西撞絕不相同。對露娃來說，這成就是原創的，牠以前從未有過這樣的經歷。

牠的生命裏確曾有過兩項技能：牠早已懂得把手臂從欄杆縫隙之間拼命伸展，去攫取籠外的食物，環繞着這類動作的種種心智活動，組成了第一塊認知構架。另外一塊，則關係於怎樣以棒子掃刷地面及撥弄地上的雜物；但這動作只是一種無目的的嬉戲，就如投擲、捲滾、碰撞周際的實物，是不少動物品種的共有習慣。突破的一刻，發生於露娃把目光投向棒子的一剎，上述兩塊本不相關的認知構架驀然契合，"嬉玩之棒"搖身一變為"攫物之耙"，可用以"駁長"自己的臂膀。這正是柯斯勒（A. Koestler）所説的"偶聯作用"── 創新行動的機制。

以一些遊戲的能耐，移植到實用裏去，人類歷史中倒有不少例子。伽利略（G. Galilei）把荷蘭製鏡師發明的望遠玩具，指向天際星空，便震驚了世界。公元前二世紀，阿歷山大港的希羅（Hero of Alexandria）早就發明了蒸汽機，視為機械玩具，要到兩千年後，人類才想到把這玩意，移到火車引擎等實際用途上。嗜賭骰子的法國騎士梅里（De Mere），向帕斯卡（B. Pascal）請教必贏之術，乃催生了概率論。

不過，黑猩猩露娃還不算是最聰明的黑猩猩呢，還有另一頭叫蘇丹的黑猩猩，牠大概是同類中的天才了，常常表現出難以想像的創意。

一天，科勒給蘇丹兩根棒子，然後把一隻香噴噴的香蕉放到籠子外棒子也夠不到的遠處。在以前的實驗裏，蘇丹已學會用棒子去攫取手不能及的食物，此時牠如常用一根棒子去撥弄。擾攘良久仍未成功，之後牠又嘗試其他辦法——包括拉了一個木箱到鐵枝前，站到上面去試；然後又把一根棒子放在地上，用另一根把它推到香蕉所在的遠處，總算碰到香蕉了，但當然還沒法把它"釣"回來。

一個小時之後，蘇丹放棄了。"牠懶洋洋地蹲坐於那在籠內遠處閒置的木箱上。過了一會牠又站起來，拾起那兩根棒子，回去坐在木箱上，漫不經心地把玩着。就在這玩耍的過程中，牠雙手分別抓住那兩根棒子，剛巧首尾相連成一條直線，牠把那較幼細的一根，往那粗壯的一根的尾部洞口塞進了一點。突然，牠霍地跳了起來，跑到那在前此一段時間內已不屑一顧的鐵枝旁邊，然後開始以這對連了起來的棒子把香蕉撥近自己……"

在這段文字記載裏，我們看到蘇丹先嘗過一小時的失敗，然後牠放棄了，心已旁騖，但是一個新現象的掠現，觸發牠再度思考原本的問題，新的信息塊片和舊的認知結構便驀然契合，讓牠窺見一個完整的答案。整個過程符合了以後將詳細提及的華萊士（G. Wallas）"創新過程的四階段"模型——包括準備、孵育、頓悟和驗證四個環節。

賽佛特（C. M. Seifert）等認知心理學家，提出了一個更細緻的理論，叫"伺機吸納"假想（opportunistic assimilation hypothesis），闡明在各階段裏的心理機制。理論的細節不易詳述，但總的來説，是指初期的努力雖然失敗，卻在創新者的腦海深處為下一次的操作設置了最有利的舞

台。從蘇丹那迅速跳下箱子，跑向籠邊那一氣呵成的動作看來，那些以前失敗的嘗試，已讓牠把原來的資訊組成一個臨時的結構，特別有利於吸納新的相關信息。這個結構雖不完整卻極活躍，而且還暫時穩定，未因中段的分心遊耍而支離破碎，所以在新的信息翩然而至時，完整的答案便可倏忽築構成了。

在這裏也可看到，失敗的嘗試在創新及學習行為中的重要性。有一些學生總急切地想從老師或書本，拾到應付課程中難題的獨步單方，希望以後可如法炮製，恐怕不是好的學習辦法。

收放自如的思考模式

　　美國科學哲學家庫恩（T. Kuhn）的重大建樹，是在研究科學發展的結構時，發現在眾多歷史上的個案裏 —— 包括哥白尼學說、達爾文主義及愛因斯坦理論等 —— 整個科學社羣放棄了長久奉為圭臬的對世界的看法及科學實踐的範式（paradigm），而接受了全新的視角。他從來就認為 "知識是直線累積的" 這個觀點，極不全面 —— 無論哪一項重大的發現都要求科學家對原有的範式調整或重構，而為了達到這種 "範式轉移"，當然要求科學家有靈動、活潑和開放的 "發散思維"（divergent thinking）的能力。

　　但是，在 1958 年於猶他大學以 "辨認科學人才" 為主題的研討會中，庫恩卻因為看到與會者片面突出 "發散思維" 而深感不安。他認為，一個成功的科學家往往要兼備傳統認同者的特徵，及叛逆者的風範。即使最具創新成就的科學家，也極少在起始進行某項研究時，便立心去進行革命。反之，他通常會認同於一系列該領域內的理知共識，進行收斂思維（convergent thinking）活動。科研工作者在大部分時間裏，都以探明那孕育他們的科學傳統的內部結構為目的。

　　沒有對牛頓力學的深刻認同，誰能有那麼大的決心毅力，在 18 和 19 世紀耗盡幾代人的青春，發展極盡精妙的種種數學方法，以解釋太陽系眾行星的運動？沒有這種在對"常規科學"的信念感召下的辛勤探測和計算，也不會發現海王星，反過來修訂了太陽系行星的數目。在 1913 至 1925 年，要是沒有那許多走在前緣的科學家，依循波爾（N. Bohr）的舊量子理論去嘗試解釋較複雜的原子光譜，也不可能發現新量子力學。

科研表面上就是如此矛盾的事，科學工作者一方面要認同綿密森嚴的傳統理論架構，才甘於窮年累月的艱辛勞動；另一方面，他們又要在機緣成熟時，摒棄曾經服膺的範式，去迎接甚或創建新的想法。對於一個具備"發散性"反思能力的科學工作者來說，反而是在一個蔭廣根深、筋脈縱橫的"傳統"內部進行不懈的探究，有利於尋索困擾的斷痕及危機的本源，因此更能觸發粉碎傳統的創見。在零散的理論碎片間施展發散性思維，只可能得到零碎的修補；要能在整座理論大廈的根本柱石旁一展身手，才可造就整個建築拆卸和重建的工程。

進行上乘科學研究的先決條件，是要能在精神結構裏，涵容和調節"收斂"與"發散"兩種思考與行事的勢態，及它們之間的巨大張力 —— 庫恩稱之為"根本的張力"。這兩類思維模式的辯證共存，對藝術創作人或企業開拓者，都是必須的。

無論在以上文章曾再三舉例說明的"偶聯"創新機制裏，還是只曾稍稍提及、以後將更詳細闡述的創新過程裏的"準備、孵育、頓悟、驗證"四個階段，我們都會看到，創新者的思維狀態在"收斂"與"發散"之間來往跨越。

創新的四個階段

　　上文提到，庫恩（T. Kuhn）在 1958 年一個研討會中，看到與會者似有片面突出"發散式思維"的傾向，因而大感不安。他認為一個名副其實的創新者，必須能在精神結構中，兼容"收斂式"和"發散式"兩種經常處於衝突的思維形態，並能調節它們之間的巨大"根本張力"，讓它們辯證地進行互動互補的活動。

　　甚麼時候該讓躍躍欲試發散性思維或"原級認知過程"暫且驥伏，讓收斂性思維或"次級認知過程"進行細緻嚴謹的工作；甚麼時候應讓發散性思維破殼而出，產生突破，仍是創新者必備的一種學問，並往往早已內化為一種本能。

　　遠在 1926 年，華萊士（G. Wallas）提出了創新過程的四階段模型。首先是創新者以常用的方式和手段去分析、整理和評審面對的難題，在這段往往窮年累月的"準備階段"裏，認知活動逐漸從意識層面轉移到潛意識深處。然後，創新者會有意或無意地把原來的問題擱置，或休息，或娛樂，或是轉做別的無關事務；在這個"醞釀（孵育）階段"中，那個難題牽連到的眾多思考元素，就在潛意識裏互相碰撞而黏連，呈現種種匪夷所思的臨時組合；也就是說，創新者不由自主地進行了心靈隱蔽處最擅長的類比、聯想和形象思維。直至碰到某些偶然的機遇，例如凱庫勒（F. von Kekule）夢到羣蛇自噬尾巴，或阿基米德（Archimedes）在洗澡時注意到身體重量令浴缸排出同等的水量而有所豁悟，或龐卡萊（H. Poincaré）在旅遊時剛踏上巴士梯級而靈光一閃⋯⋯問題的解決，以鮮明的意象，從潛意識裏又冒現到意識層，讓對問題已有了理知認識的創新者瞥見並辨認，此之為 "頓悟階段"。最後的另一個 "驗證階段"，就是在意識層裏，進行常規的核實、組織及鞏固工作。

從這個四階段模型，可以窺見思維活動從意識層到潛意識層又回到意識層的穿梭來往。另一方面，我們又知道原級認知過程（發散思維）多在潛意識發生，次級認知過程（收斂思維）則多在顯意識發生。那便進一步說明，為甚麼說那兩種思維形態一定得在創新者的精神世界裏辯證共存，雖彼此排斥卻又互相牽引，雖永不同台卻又各有角色 —— 這就構成庫恩所說 "根本的張力"。

對發散思維的片面崇拜，在藝術領域很常見，例如後現代主義主張不拘一格、多元並進，本是好事；但偶或為一些從事藝術的人誤解，沉溺於瑣碎屑小的片面中尋找 "突破"，又不能從 "沙粒中看世界"。這樣產生的作品，雖具原創性卻缺乏價值和厚度，是值得憂慮的一個偏向。

豁然開朗的**突破點**

第二次世界大戰後，物理學的中心問題是 "量子電動力學"，描述原子及電子怎樣吸收或發射光子。1948 年的春天，美國兩個年輕科學家，哈佛的舒溫格（J. Schwinger）和康奈爾的費曼（R. Feynman），分別有了重大的突破。

當時，從英國來的 24 歲研究生戴遜（F. Dyson）都在康奈爾大學，他還沒有資格參加名家之間的討論會，但一早便知道費曼有本領計算出電子和光子之間相互作用的種種結果，又快又準，神乎其技。一般物理學家的辦法，總是先寫下一些方程式，然後去求解。費曼則完全不搞這一套，他的腦子裏總能泛起有關這些物理運動的圖像，就憑這些圖像，不需再進行多少計算，就能寫下答案。一般人的思考是分析性的，他則是視像性的，其他人難以領會。

於是戴遜經常去找費曼。後者如果有空，就很熱情地和他談，往往一談就好幾個小時。一天又一天，戴遜凝視費曼在討論時畫在黑板上的種種圖形，漸漸竟吸納了視覺式的思考。

學期結束了，戴遜的導師貝特（H. Bethe）安排他到密歇根大學的一個夏令班，去聽舒溫格講授他的量子電動力學理論。費曼剛要駕車到新墨西哥州去，戴遜與他結伴同行了半程，途中又有機會深入討論費曼的物理觀。戴遜在密歇根的五個星期，除了聽課外，還經常去找舒溫格請教。每個下午他還總躲在頂樓的房間內，細緻核算了舒溫格討論的每一句內容；他用舒溫格的方法計算了種種難題，算式算符填滿了好幾百張紙。五個星期眨眼過去，他已可以肯定，除了舒溫格本人之外，自己比誰都要通透舒溫格的理論。

戴遜一時再不想碰物理學了，他乘着灰犬巴士（Greyhound bus）穿州過省到柏克萊逗留了十天，覽閱愛爾蘭作家喬伊斯（J. Joyce）的《一個青年藝術家的畫像》（*A Portrait of the Artist as a Young Man*）及印度總理尼赫魯（J. Nehru）的自傳，白天則到處遊覽。

九月初，他又乘搭"灰犬"，日夜兼程往芝加哥。他坐在車裏看着窗外，滑入了一種舒泰的渾茫境界。第三天火車穿越內布拉斯加州時"……整整三周我從未想過的物理學，竟像轟雷般闖進了我的意識。費曼的圖像和舒溫格的方程式以前所未有的澄澈，在我的腦海中自動梳理整合：我第一次能夠把它們砌合到一塊兒。在一兩個小時裏，我一再試着把各個局部拆又再組構，肯定了的確已是天衣無縫。當時沒有紙筆，但一切太清楚了，實在毋須書寫……我找到的是一個辦法，把舒溫格的數學精確性與費曼的現實靈活性結合起來。……看着太陽在草原上冉冉下墜時，我在腦海中已擬劃着論文大略。"

從戴遜這次經歷，當然也體現了看似南轅北轍的兩套理論的"偶聯契合"；也體現了在創新過程裏，心智在意識與無意識之間反覆上落的"準備"、"孵育"、"頓悟"與"驗證"的四個階段。

經典三 B 創新個案

　　除了以上戴遜的故事，創新過程的文獻裏還有三個經典例子，統稱"三 B"：阿基米德（Archimedes）在浴池裏發現他的浮力定理（Bath）、化學家凱庫勒（F. von Kekulé）在火爐前打瞌睡，夢到火蛇亂舞而發現苯分子的環形結構（Bed）及數學家龐卡萊（H. Poincaré）在剛踏上旅遊車的一刹那，悟到一種重要數學變換的特性（Bus）。無獨有偶，三個創新事例都在科學的範疇。

　　阿基米德故事中的一個 B 最為人所熟知，在本書第一章的〈洗澡水的創新啟發〉（頁 6）一文中已有提及。

　　而第二個 B，發生在 1865 年，當時凱庫勒正在為苯分子的結構問題長期殫精竭慮。一天，他回到家中，"我把椅子朝向爐火，就坐着打起盹來。原子又再在我眼前嬉戲跳躍……現在我心靈的眼睛已能分辨出較大的結構，它們有多種排列方式。有時長長的一列，聚結得更緊密，都在纏結、扭曲着，像蛇一樣地蠕動。看呀！那是甚麼？其中一條小蛇咬住自己的尾巴，在我面前嘲弄地盤旋着。……突然，像被閃電擊中一般，我醒了過來。"夢中的影像讓他領悟到苯分子裏六個碳原子跟蛇一樣首尾相連，可以組成環形，解決了長期的困擾。

最後一個 B 來自全能數學家龐卡萊。1913 年他在巴黎心理學會報告他的創新過程理論，引述了自己的經驗：當時他思考一個重大的數學問題已有一段時日，"……就在這段時間，我離開了凱恩（Caen），參加一個礦物學院舉辦的地質勘察旅行。旅途中我已把數學工作忘諸腦後。到了庫坦斯（Coutances），我們乘搭旅遊巴士要去甚麼地方，就在我的腳踏上梯級的一剎那，那數學問題的意念突然出現。……我當時沒有時間去核實那個意念，在巴士裏就座後，我就一直跟身旁的人繼續原來的話題；但我肯定那意念完全正確。一直待回到凱恩之後，只為了專業良心，我才抽空證實了那個結論。"

　　幾個經典個案都驗證了華萊士（G. Wallas）創新過程理論的四個階段 —— 準備期、孵育期、頓悟期及驗證期。卷首提及畢加索、達爾文等大師的創新歷程，甚至露娃與蘇丹兩頭黑猩猩的突破性行動，也都如此。

篩選是發明的關鍵

上文提到，創新過程包含四個階段：

一、在意識層上的"準備"工作；

二、或因難題久久未能解決，創新者暫時把它丟開，有關資訊乃沉潛至無意識的深處，此為"孵育"階段；

三、突破的意念驀然湧現，是為"頓悟"階段；

四、創新者又再於意識層上，驗證創新的成果，這叫做"驗證"階段。

但在孵育和頓悟這兩個階段裏，無意識層面中究竟發生了甚麼事呢？1908 年，數學家龐卡萊（H. Poincare）在巴黎心理學會的一次著名演講裏，便對此提出了一些很有趣味的想法。他理論的起點是：發明與創新，不外乎是不同意念的組合，這種結合多在孵育期中，於無意識層發生。"這樣產生的許多組合中，最有生機，最富果實的，其組成部分往往來自相距較遠的不同領域。……總的來説，多數的組合是乾瘠無效的，但有極少數則孕育了豐碩的果實。"龐卡萊認為，無意識不會先作揀選，看看哪些較有意思才進行組構，它只是機械地試遍眾多的可能性。

"我們可把將要進行組合的思考元素，想像為伊壁鳩魯

（Epicurus）所設想的原子 —— 一顆顆伸出許多鈎子的圓球。主體的心靈完全寧靜時，這些原子都靜止不動，你可以想像它們都被掛在牆上。在表面風平浪靜，但無意識仍孜孜不倦的那段時間，其實它們已離開牆壁，開始活動，就像一羣飛蛾在空中騰挪馳騁。如果要用較學術的比喻的話，它們就像氣體動力學裏的氣體分子，就是這些分子之間的互撞，促成了它們之間的組合。"

龐卡萊認為，在創新的"準備"期間，創新者的理知思維，已把這些"原子"激發，讓它們躍離牆上，到處奔竄。他在這節受到意識操控的活動裏，已對"原子"進行了初步的篩選，只把表面看來較有關聯的原子，從牆上拉脫。因此，在空中亂闖的原子便不會太多，組合的產生都不會太濫。這些原子在"準備"期是未能成功組合的，但一旦驚醒，便不再黏回牆上去，直至試驗過許多次隨機配搭，那有效的一個組合才終於出現。

但最後"頓悟"，並浮現於意識層的，總是那一個優質的有效構建，其他萬千個缺乏意義的組合，早已湮沒於無意識的深處。在有意識與無意識之間，顯然存在着一個甄選的篩子，這篩子就是創新能力的關鍵。法國詩人瓦樂希（P. Valéry）在《新法蘭西評論》（*La Nouvelle Revue Française*）中說："發明需要有兩個主體。其一造出種種組合，另一位則負責甄選……我們稱之為天才的，主要並不在於前者的工作，更要看後者是否善於抓住擺到他面前的種種，並加以選擇。"

那麼，無意識是根據甚麼去進行篩選的呢？龐卡萊認為：“在無意識裏得到優選而終於可被主體意識到的，是那些能直接或間接地，深深影響我們情緒的組構。”以數學來說，甄選中憑藉的是“數學美感──一種凡是數學家都知道的，極真實的美的境界。”

開啟你的第三隻眼

　　假設你每天上下班都要途經一爿大廳，靠牆有一列椅子，但你總是對椅子視若無睹，要是有人提到，你還可能瞠目茫然。直至有一天，你下班時經過大廳兩腿疲乏，要找地方稍歇，才猛然發現原來這裏還有那麼美妙的設置。

　　人類腦子的運作就是如此，除非意識內外有相關的傾向，否則眼前的事物就是視而不見。或有人以為，科學研究的過程不外乎是先進行觀測，搜羅現象與數據，然後進行整理、分析，最後總結出規律。但事實往往不只如此，尤其對重大的發現而言，另類而恰當的推測與構想，以此為狩獵客觀現象的方向或檢視既有結果的框架，都是關鍵的步驟。

　　企管理論大師漢迪（C. Handy）深入觀察過許多創業家，發現他們都具備三種特質 —— 一、都有過人的"激情"；二、都有詩人濟慈（J. Keats）所說的"負的能量"（下篇會詳述，頁 36），能長期處於未知與渾茫的境域之中，卻絕不會因惶惑或焦躁而胡抓亂攪，滿足於粗陋的解答；三、都有"第三隻眼睛"，能以嶄新的另類目光，一再審視萬物。我們都知道，這種從一個參照系統，跳到另一個參照系統，去勾勒熟知事物的能耐，無論在笑話的欣賞、藝術的創作和科學的發現，都不可或缺。

英國物理學家布瑞格（L. Bragg）與父親一起以 X 射線分析晶體結構，並以此分享諾貝爾獎，是觀察測量的大專家。但他在《科學史》（*The History of Science*）一書裏的結論説：科學的要素不在於發現事實，而在於思考這些事實的新方式。

望遠鏡大概是天文學"拓展視野"與"尋找事實"最重要的儀器；但哥白尼（N. Copernicus）的日心説卻是建立於望遠鏡發明之前。他用以觀測天象的器材，遠不如托勒密（K. Ptolemy）等古希臘後期天文學家所用的準確，事實上他就是憑"第三隻眼睛"，以另類角度重新思考後者的觀測結果而建立自己的理論。愛因斯坦（A. Einstein）於 1905 年創建特殊相對論，所用的實驗結果也已絕對不新穎。當時天才橫溢的數學家龐卡萊（H. Poincaré）其實已掌握所有的線索，也具備遠比愛氏扎實的數學能耐，卻竟錯過了劃時代的發現。原因何在，至今在科學界仍是眾説紛紜，有認為他是不夠勇氣去解構自己的思考，把推論窮究到底。反之，愛因斯坦正是如布瑞格所言，以嶄新方式審視既有事實——他具備了漢迪所説的"第三隻眼睛"。

在企業營運上都是一樣，貨櫃運輸就是最明顯的例子。上世紀 50 年代，海上貨運耗時愈來愈長，成本也不斷上升，人們都認定它已面臨淘汰，將被空運取代。貨運界殫精竭慮尋求挽救之方，努力設計速度更快、較省燃料、航行時使用人較少的船隻。但業務還是每下愈況。今天回顧會感到難以理解，但當時最精明的企管人都在想，海運的關鍵當然是貨輪，於是無論要節省的是時間還是金錢，目光都投到船隻在海上航行那方面去。

但事實證明這是完全弄錯了。他們終於能以"第三隻眼睛"把問題重新勾勒，把目光投到船隻停泊碼頭的那個環節—— 當年的運作，是把大小、形狀、輕重不一的貨物都先擠到碼頭上去，才匆忙設法裝進貨船。那太費時失事了，貨輪因此往往在碼頭一停就是好幾天。海運的主要成本是輪船的建造，而這些投資都要連本帶息按期償還，即在船隻閒置岸邊時，付款的鐘擺都不會暫停；因此，關鍵是要設法縮短靠岸的時間。一旦把真正的問題勾勒出來，答案便呼之欲出—— 要把裝貨與船運分開處理；接着便構想了標準化的大型貨櫃，在陸上先把"燕瘦環肥"的各式貨物裝進去貨櫃，再運到碼頭，放上貨船。如此一來，貨物上船的運作便如流水行雲，效率增加了不少，於是海上貨運得慶重生。

不過，"第三隻眼睛"卻不是常有的。例如研究創意思考的學者鄧克（K. Duncker）便做過一個實驗：他把一個中學物理實驗室常用的單擺—— 一條長繩（擺線）繫着一個小鐵球（擺墜），一顆鐵釘則放在桌上，要求實驗對象把鐵釘釘到牆上去，然後把單擺掛於其上，可是桌子上卻沒有擺放鎚子。結果，只有百分之五十的實驗對象找到解決的辦法—— 以擺墜作鎚子便可。鄧克又找來另一批年齡、智力相若的對象再試。這次他將擺線與擺墜拆開分放，不再提甚麼"單擺"之類的詞語。新的結果是，所有實驗對象都輕易找到解答—— 他們胸無成見，只看到一個鐵球、一顆釘子和一條長繩；以球為鎚把釘子釘在牆上，將繩子掛在上面，再把鐵球繫於繩端，是自然不過的做法。反之，在第一批實驗對象的眼中，鐵球與繩子都是單擺的一部分，在意識裏難以分割，因此有一半人始終無法找到另一個參照系統，把擺墜視作鐵鎚。那些實驗對象都是鄧克的學生，都有一定的聰明才智，偏偏就是不懂以另類眼光，去重新審察既有的認知。

提出及推介"橫向思維"的狄‧邦諾（E. de Bono）說，人類腦袋裏的認知機理，就如大地荒原，資訊則如天降的雨水。雨水來了，在大地上沖刷出山川河嶽，以後再有新的雨水降臨，便只能按既有的溝壑奔流。因此人的感知特點就是養成習慣極易，要擺脫既有的習慣便難於登天，不但要有過人的決心，還要鍛煉成懂得偶或要放鬆一下，後退半步，從別的角度看看。在創新的過程裏，必須懂得在適當時刻暫忘已知。有時，甚至無知也焉知非福 —— 出身貧苦、沒受過正規教育的英國物理學家法拉第（M. Faraday），不懂得多少數學理論和知識，這或許便成為他最大的優勢，不然他大概不會發展出磁力線等直覺思維的工具，終於在電磁力學上作出重大貢獻。

擁有**負能量**的優勢

　　企管大師漢迪（C. Handy）總結了創新人士的三種特徵，除了上文提及的"第三隻眼睛"外，另外一種是"負的能量"（negative capability）。

　　"負的能量"這個詞語，源於濟慈（J. Keats）給弟弟的一封信，指某種勇於涉足榛莽之境的心理質素，並有能力較長期忍受曖昧朦朧的狀態，甚或甘之如飴，耐心從那兒辨向尋蹤，不會在煩躁或惶惑中亂抓稻草，接受粗陋、浮淺，甚至虛假的答案……如此看來，"負的能量"這種質素，正是創新者是否終於能找到"第三隻眼睛"，以另類角度重新勾勒眼前種種，從而達到突破的先決條件。

　　善於創新的人的確有這種能耐 —— 物理學家楊振寧在論文集裏憶述了 1951 年研究鐵磁現象易辛（Ising）模型的經歷："於是我開始了一生中最漫長的計算過程。其中峰迴路轉，處處出現不可逾越的屏障。通常過了幾天，便找到一個指示嶄新蹊徑的點子，但不旋踵卻又發現陷進了迷宮。經歷了那千山萬壑之後，目的地是否近了一些，仍是茫無頭緒……最後，經過六個月的斷續工作，所有零散的碎片竟驀然契合。"他後來在 1959 年和李政道一起研究 W 介子的理論，還有意不讀其他人的有關論文，一步一步從頭算起。這樣一來，花的時間精力當然較多，也不時會陷進渾茫，但堅持下來，結果是繞過了前人的覆轍與誤區，終於得到前人未能企及的突破。

要創新必須有上述的心理能耐——無論是科學發明、藝術創作還是企業創新，你要涉足的是前人從未到過的，更不會有現成的地圖的不毛之地。在這過程裏，煩躁、不安、疑惑是難免的；一時抵受不了，便易於抓住稻草，以為是救命之繩，這有時連最聰明睿智的大科學家也未能避免。50 年前生物學家華生（J. Watson）與物理學家克拉克（F. Crick）正於劍橋尋索 DNA 分子的結構，大名鼎鼎的鮑寧（L.Pauling）在加州理工學院亦步亦趨在追趕着，並搶先發表論文提出結論，認為分子結構是三重螺旋……結果卻發現了是差之毫釐。鮑寧後來回憶此事，說自己的確因久處於朦朧而焦躁不耐，有意無意間偏愛了三重螺旋這模型，以它去解決當前的問題似較便捷。

正如哲學家熊恩（D. Schon）所說，人類知性活動的範疇，恍如浩瀚無際的一片沼澤，我們已清晰理解，並擁有現成工具去處理的部分，就只像在沼澤裏疏落零散的幾爿乾爽高地。無論是誰，在生命或事業上要辦點生疏的事，要涉足的畛域既從未到過，對自己來說已是一種創新。石破天驚的創新行動需要"負的能量"，我們在生命裏的某些平凡耕涉也是一樣。

"負的能量"本來一點也不玄奇，我們從小就是這方面的大專家。一個人從呱呱墜地到 18 個月左右，周遭都只是一片噪音：哪些是風吹雨打，哪些是街上的車轔馬嘯，哪些是屋裏洗衣服燒飯的聲響，哪些才是人説話的聲音，嬰兒原是不懂得區分的。既不懂得哪些才是有意義的話語，更不可能有人由淺入深教幼嬰説話。就在這一片渾茫之中，我們既不惶恐也不焦躁，更鍥而不捨地追尋着，終於有一天突然能從成人口中發出的震盪空氣裏，辨別出意思來，甚至慢慢地自己也懂得發出同樣的聲響，開始了語言溝通。我們從小就有這神奇的本領，能忍受朦朧，甚至較長時期的樂在其中，讓經過感官吸納的大量紛紜無序的信息碎片，在腦海中翻捲互撞，久而久之，驀然編織成形，發現它的意義。

令人擔心的是，今天的青年多只希望永遠留在熟悉的舒泰區裏，不願涉足任何陌生的境域 —— 修讀一個學科時只想問怎樣考，以期能走捷徑；做作業則慣於抄襲，最多只是改頭換面；籌辦大型的課外活動，只想到按着上屆籌委的記錄照本宣科……漸漸更養成了思維定勢，以為凡事只有一個既定的程序，只須按某本操作手冊依樣畫葫蘆。與生俱來的"負的能量"，便這樣在長大過程中消磨殆盡。

別害怕走在迷茫中

　　認知心理學家蓋哲爾（J. W. Getzels）與奇克森特米哈伊（M. Csikszentmihalyi）研究了一羣芝加哥藝術學院的學生，觀察他們的作畫行動，並請導師及專業藝術家評定完成後的作品水平，看看他們的創作方式有哪些方面與完成畫作的質素有關。

　　學生們行事的方式確是各自不同：從導師提供作為繪畫對象的實物裏，有些學生很快便選定了一兩種，另一些則把玩這個撫弄那個，許久仍未決定下來──他們真的帶着遊戲的心情，不只是簡單地撿起那些實物，而是再三撫摸它們，把它們拋到空中，細細地嗅聞它們的香味，咬一口嚐嚐……。學生們選的靜物迥異，有些選得平庸無奇，都是皮革封面的書或一串葡萄等濫調的對象；其他則挑選了令人驚喜的組合。但更有趣的是，他們開始作畫後出現了各式各樣的創作方式：有一些在好一段時間後仍繼續在重整畫面的構圖，甚至更換描繪的靜物，直到創作的後期才讓作品的整體結構穩定下來；另一些則很早便定下了構圖，以後便虔誠地依照着幹，絕不更改。

　　研究的結果顯示，那些對繪畫的對象選擇三心兩意的、對畫作的結構長久不願確定下來的學生，最後也多被評定為較富原創性，作品的美學價值也較高。

　　心理學家還追蹤實驗對象的事業發展，七年之後再作了評估，發現仍在藝術領域工作的那些成員裏，成就較高的也是上述那一批 —— 他們顯然很早便學懂了怎樣敞開心靈以迎接直感的召喚，他們也有能耐，在不可能確實知道前面所有路向的渾茫形勢下，心安理得踏上創新的漫漫路途。這種心理特質，正是上文提及詩人濟慈（J. Keats）於 1817 年提到的"負的能量"，主體樂於耕涉榛莽之境，並能忍受一時的朦朧，不至於在煩躁惶惑之中亂抓稻草，滿足於粗陋、浮淺，甚至虛假的答案……濟慈認為這是開啓創意之門的鑰匙。企管理論家漢迪（C. Handy）認為它也是真正的深刻的學習行動的關鍵心態。

　　哈佛大學的朗格（E. Langer）曾進行過一系列實驗，例如她讓兩組大學生研讀一篇討論城市社區演變的文章。對其中一組，文章的內容被表達為絕對的真理，是這樣就是這樣。對另一組，它就被表達成一個"理論"，文章內運用了"你可以這樣看現有的資料……"、"這可能説明了……"等用語。事後，朗格測試參與的成員，發現兩組雖然在純粹記誦方面分別不大，後一組卻遠遠較有能力靈活而有創意地運用文章裏的知識。文章的寫法讓他們採取了創建性的學習進勢，自然而然地擁抱了"負的能量"，對學習的內容不會生吞活剝，而是反覆琢磨，讓它與自己心靈裏的認知大樹有機地結合，新舊枝枒四通八達、渾然一體，主體此時無論是要以之面對實際的運用，還是新的學習任務，便如臂使指了。

突破前的**跌撞期**

　　20 世紀末數學界的大事是"費馬大定理"（Fermat's Last Theorem）的證明。1637 年前後，費馬（P. Fermat）在閱讀"代數之父"丟番圖（Diophantine）著的《算術》（*Arithmetica*）時，在書頁邊上寫下這個定理的命題，並附記了一句話："我有一個對這命題的美妙證明，這裏空白太小，寫不下。"350 年來，數學家從沒有找到不符合費馬大定理的反例，也未能找到妥當全面的證明，卻在無數次攻關中創建了許多新的數學。1986 年，有人成功證明了，如果"谷山 ── 志村猜想"（Taniyama-Shimura Theorem）是正確的話，則費馬大定理也必須是對的。普林斯頓的數學家懷爾斯（A. Wiles）便躲進家中的閣樓，前後花了整整八年多的時間研究，中間還經歷了頗大的周折，終於在 1994 年 10 月發表了正確的證明。

　　在這段漫長的年月裏，懷爾斯涉足人類理知上的榛莽境域；在一片渾茫中他要不斷勘探難題的肌理、設擬攻關策略、學習與運用多個在自己專長之外的數學分支，在這過程中他當然會犯上策略、洞察或技術上的錯誤，因而被迫半途改弦易轍。他曾説：

　　"你就像在一幢伸手不見五指的大廈中摸索。在一片漆黑中你摸進了第一個房間,在亂七八糟的家具之間跌跌碰碰,你試了又試,經過六個月或更多的日子之後,你似乎熟習了地貌與方位,終於觸摸到燈掣。你打開了燈,室內大放光明,呀!原來是這樣子的 —— 然後,你又摸進了另一個漆黑的房間,又在那裏摸索了六個月⋯⋯每一次突破,都在瞬息之間完成,最長也不過一兩天,但總是前面一段日子在黑暗中跌碰的結果,沒有前面在渾茫中的經歷,也不會有後面的雲開電射、暗室放明。"

在創新的過程裏,常常得在"知"與"不知"之間的不毛之地長期盤桓,那裏既沒有明確的路標,也沒有現成的地圖。懷爾斯便說:"當你真的進入死胡同的時候,或面對棘手的難題之際,那種循規蹈矩的數學思維便全無用處。你必須埋首其中,心無旁騖,進行長時間的思考與探索。然後總需有一段鬆弛期,潛意識出現了,佔據了你的腦海,新的見解便或許會在這時驀然浮現,達到突破。"當事者是否有"負的能量",那種長期忍受混沌朦朧的能力與性格,鍥而不捨,甚至還能樂在其中,正是彼成此敗的判別。

年前曾邀楊振寧先生到港大向學生演講,談學習與研究的經驗。他開宗明義提到一句老話:"知之為知之,不知為不知,是知也。"楊振寧認為這句話是指對學問的一種誠實態度,當然是對的;但這句話也往往使人忽視了"知"和"不知"之間的那一片朦朧境域,有意無意地只去迴避它,忘記了它原是萌發新知的沃土。

主動耕涉無人地带

1998 年開始，我在香港大學籌辦了好幾年 "李韶社會經濟考察計劃"。在這個計劃裏，70 多位中國內地、美國及本港的大學生，在暑期裏滙集到香港一個多月，從事對參與者要求頗高，也對他們的創意成長確切裨益的學習活動。

學習活動包括許多方面，但核心的環節是讓同學分成四人小組，每組選擇參與一個在香港社會、經濟、民生或文化等領域的專題考察活動，活動偏重親身的實踐體驗與第一手的深入觀察，資料上的翻查發掘只屬輔助性質。

每年的首次全體聚會裏，我總不厭其煩提醒參與的同學，他們將來在終生學習與事業旅途裏，往往要涉足從未有人到過的境域。設計這些社會經濟考察行動的目的，就是讓同學們通過艱辛而愉快的探索經歷，學懂怎樣去面對嶄新的挑戰。

記得我曾舉過其中一個考察專題 "香港的貨櫃運輸業" 為例。在這個專題裏，小組的同學要到香港貨櫃碼頭（HIT）裏去蹲點實習、考察。我對同學說："在這機構裏你會找到兩個對你的考察活動較有幫助的部門：其中一個是公關部 —— 它應能較迅速地向你展示這龐大機構的概略全景，但由於這部門負責的工作特質，能夠提供的資料也必有局限。另一個是人力培訓部——它應能較準確地告訴你，貨櫃碼頭上不同的工作崗位是怎樣具體操作的；這方面的資訊當然也不可缺，但既然你們不是要到貨櫃碼頭上去任職，這也不會是你們考察的最終焦點。你們希望研究的，或許會是某個運作程序可以怎樣改進，或許是貨櫃運輸業內人士對事業的憧憬、體驗與反思，或許是這碼頭與在它周際的各種協作環節，例如託運客戶或貨櫃車司機等方面的互動關係。這些，培訓部門都難以向你們耳提面命，得由你們自己創出辦法，去深入探究。你們或許會想到，大學裏總有研究貨櫃運輸的專家吧？有是有的，甚至或有人曾編寫關於這行業的專書，但相信即使是他，也不可能曾在貨櫃碼頭上蹲過多少時日，要他對你們研究的題目加以點撥，也只可能提供一些疏隔而抽象的想法。這些專家與部門，就像位於三角形上的三個頂點，而你要深入鑽研的，卻是三角形中間某處的無人地帶。誰能說呢？過了一個月，可能在這個課題的某個小小方面，你們反成為了頂尖的權威！"

在這個考察過程裏，既不可能有專家導師亦步亦趨，也不會有行動手冊可供按圖索驥，同學們就是要走進那渾茫境域，去重新鍛煉涉足榛莽的能耐，學懂忍受一時的朦朧，甚至能樂在其中，直至柳暗花明。在這過程裏，當然別要因煩躁與惶惑而亂抓稻草，滿足於粗陋、浮淺，甚至虛假的答案。

希望在這學習行動裏讓同學重拾的心理質素，便是濟慈（J. Keats）所說的"負的能量"，是在創新行動裏終能找到"第三隻眼睛"的先決條件。

好玩激發動力

　　二次大戰後，美國物理學家理查‧費曼（R. Feynman）從洛斯阿拉莫斯（Los Alamos）原子彈計劃工作中退役到康奈爾大學工作，才 27 歲的他碰到了生平第一次創意低潮。在大戰期間緊張而活躍的生涯裏，物理學的巨擘如奧本海默（J. R. Oppenheimer）、貝特（H. Bethe）、波爾（N. Bohr）等人，無不欣賞他的天才橫溢，都認定他註定了要成為 20 世紀下半葉的另一個愛因斯坦（A. Einstein）。當時正值物理學在量子力學誕生之後，經歷了 18 年的貧瘠日子，要將這門學科從死寂中喚醒，更似是捨費曼其誰了。在這種心理壓力之下，費曼差不多有兩年完全停產，從 1945 年秋抵達康奈爾到 1948 年的夏天，他只出版了一篇內部技術報告。

　　這段期間以優厚待遇要聘請他任教的信件，又從美國各地如雪片般飛來。表面疏狂的他，內心更覺不安。他千方百計要擺脫煩惱，他自言曾天天去圖書館去覽閱半色慾的《一千零一夜》，眼睛一面盯着漂亮的女生；又試過每天早上八時半起床，開始埋頭工作⋯⋯都是無效。

　　他戰時的上司貝特（H. Bethe）及康奈爾的物理系主任威爾遜（B. Wilson），都察覺到他的困擾。威爾遜還特別請他到辦公室跟他說："不必太放在心上啊。這本是我們的責任，我們聘教授當然要冒點險；只要他們教學妥妥當當，便應該滿意了。"費曼只想着那些過往的歲月，那時做研究尚懷着遊戲心情，他還可以獃獃地凝視着水龍頭噴出來的水柱，在三度空間扭動着扁平的腰肢，靜靜思考怎樣解開它的力學奧秘。

幾天之後，他到學生餐廳去吃午飯。有人將一隻碟子扔到空中，滴溜溜地轉着飛行，一邊還有節奏地晃動。因為碟子邊上有大學的校徽，費曼可看到轉動和晃動的頻率並不相同，但兩者又似乎並非互不相關。他已告訴自己，一切都要本着遊戲的心情，於是便提筆計算一下。運算過程比他想像中複雜，但他不久便發現兩種頻率竟成二與一之比。他跑去告訴貝特。貝特說好呀，但那有甚麼用處？費曼笑道："一點用處也沒有，但你不覺得好玩嗎？我從今就是這個樣子，一切都為了好玩。"

到了 1947 年春天，他對友人說："我在進行一項龐大的研究工程，要透徹了解理論物理的全部。"表面看來，這跟"好玩"有點差距，但費曼已脫胎換骨，他的工作已不再是為了要滿足別人對他的期望，不再倚賴那追求勝利一刻的外在動力；而是為了自己的興趣，興奮與歡愉滲透着整個艱辛的過程 —— 因為驅策他的已是內在的動力。費曼便這樣開展了後來稱為"量子電動力學"的研究，終於結束了理論物理學長達 20 年的困境。

費曼要進行那龐大的研究工程，便要涉足浩瀚如大海的境域，四處都是迷霧，絕對沒有已知的航標。他必須在此山窮水盡疑無路的渾茫中窮年累月摸索前行，所須的心理質素正是"負的能量"。這種韌力的來源，正是他戲言為"一切為了好玩"的"內發動力"，也即漢迪（C. Handy）所提出創新者的第一種質素 ——"激情"。"激情"是"負的能量"的來源。如前文所言，"負的能量"這種質素，卻又是主體終於能找到"第三隻眼睛"而達成創新的前提。

我們更可進一步看到，創新者的突破經歷，又往往可讓他的"激情"更上一層樓 —— 阿基米德（Archimedes）在沐浴之際驀然啟悟，狂喜中忘了穿衣便跑到街上大叫 Eureka！Eureka！的故事，只是其中一例。

如此看來，從"激情"到"負的能量"到"第三隻眼睛"，從而又喚發更高層次的"激情"，便組成一個首尾相接、源源不絕、層層攀升的良性循環 —— 我們可稱之為"創意之輪"。

賞罰阻礙思考解難

　　在前文〈好玩激發動力〉的故事裏，提到了費曼（R. Feynman）在二次大戰後，如何在當時各學術大師對他的殷切期望、名牌大學對他的重金招攬等許多"外加動機"下，反而令他創意枯竭了整整兩年。後來他在學生餐廳的一次偶然體驗，才讓他重新找到了自己的"內發動機"，恍然大悟應以此推動自己的研究行動，終而達到了一生的大成。

　　在此處，我們試以一些心理學的實驗結果，再稍事説明內發與外加兩種動機存在時對主體的影響，及兩者之間的相互關係。

　　動機心理學家德西（E. Deci）在 1969 年進行的經典實驗，已漸為教育界所知。他運用的器材為索馬立方（Soma cube）積木砌件，這智力遊戲要求參與者用七塊以三至四個立方體組成的積木，砌出一個個圖象所示的立體造型。

　　德西把幾十位實驗對象分成兩組：實驗組與控制組。對實驗組的成員，在第一天不設任何獎賞，在第二天則宣佈每砌成一個圖中的造型便可獲得獎金，第三天則又不再設獎金。反之，對控制組則自始至終不設任何獎賞。每天的中段兩組都有 20 分鐘左右的小休時間，實驗場地內還擺放了《時代周刊》、《紐約人》及《花花公子》等雜誌讀物，實驗對象在小息時段可自由閱覽。德西與他的實驗助手便在單面鏡後，暗中觀察各實驗對象的行為，看他們究竟是鍥而不捨地推敲索馬立方遊戲，還是拿起雜誌埋頭閱讀。

結果發現，在第一天兩組實驗對象的表現，就如意料中的一致。第二天，實驗組受到獎賞的推動，比控制組勤奮地堆砌積木，小息時也較少瀏覽雜誌。意料之外的是第三天，控制組的勤惰雖一如既往，但實驗組對砌件的專注力卻大為下降，小息時更沉迷於書報圖文裏。頗出乎當年人們意料的結論是：“大棒子或胡蘿蔔”式的賞罰機制所帶來的外加動機，會摧毀或削弱人類對思考解難的內發動力。

另一位心理學家格勒克斯堡（S. Glucksberg）多年前的另一個實驗也可給我們啟示。這實驗運用了人們多數曾聽說的一個創意小難題：在一個空蕩蕩的房間裏，有一根蠟燭、一方盒的圖釘及幾枝劃牆便可燃着的火柴。挑戰是：怎樣把蠟燭置放到牆壁上，繼續徐徐而燃？面對此難題，人們或會試用火柴把洋燭的一側熔化，從而黏貼到牆上；或試用圖釘硬把蠟燭釘到牆上去……結果當然都不成功。真正可行的辦法，是把圖釘都倒出方盒，就用前者把後者四平八穩釘於牆上，然後把燭子點着垂直立於方盒裏。以創意思考的提法，如此一來便擺脫了我們心理上對事物功能的偏執視野，成功地把盒子看作燭台。

格勒克斯堡也是把實驗對象分為實驗與控制兩組，讓他們分別面對上述的難題。他對實驗組說，按總人數計算，最先解決此難題的四分之一人數可得到金錢上的獎勵，對控制組則完全沒有這樣提及任何獎勵。結果，有了外加動機的實驗組成員，解決此難題所需的平均時間，反而比控制組足足慢了三分半鐘。此實驗證明了，外加動機往往反而窒礙了創意的思考，原因可能是主體急於求成，以至未及拓寬思考的空間。

　　不過，不能因此便總結外加動機一律無效。如果在上述的實驗裏，讓實驗對象看到的景象稍作改變，把圖釘都放在盒子之外，如此一來，人們便不需要有甚麼創意思維去突破 "功能偏執"。在這情況下，有獎賞推動的實驗組，便只需使用較控制組短的時間，便已成功把盒子釘到牆上。

　　總的來說，外加動機對推動不需創意的機械式行為，仍可生效。不過，到我們這個時代，這類工作多數早已交由電腦或機器代勞了。

探索的**本能**

　　就像自然科學花了 1000 多年才發現地球是圓的一樣，實驗心理學在行為主義"激發 —— 反應"範式的籠罩下，也足足折騰了半個 20 世紀，才發現到人類都是積極尋求歡愉的動物，而他們的一些探索性行為，例如探索周遭環境、解決棋局難題、學懂彈奏結他等，本身就包含着收成的滿足。

　　在上世紀 40 年代，心理學家發現只要把小鼠放進迷宮裏，裏面不必有甚麼飼料或電擊的獎罰機制，牠們便自然會東奔西竄、四處闖蕩；此後，要讓牠們再涉迷宮的話，牠們便遠比從未到過迷宮的小鼠善於找到目標。這些實驗結果讓當時行為主義學派仍佔主導的心理學界陷進了尷尬的境地 —— 迷宮裏既沒有大棒子或胡蘿蔔的賞罰"激發"機制，那麼小鼠是怎樣學到合適的"反應"行動呢？其實早在此前那黑暗的半世紀裏，已不時有從"荒野"傳來的聲音，指出朝着某些目標的奮鬥過程，往往比最後抵達終點更使人滿足，但這些説法總被學術界的主流認為老套、過時，不符合實證主義的科學標準。要到 50 年代，有實驗顯示了小鼠亦偶或會讓探索的慾望壓倒飢餓與恐懼的本能，才喚醒了勃勃有生氣的心理學範式，讓好奇心、探索慾望、主觀能動等詞語重登大雅之堂。

哈勞（Harlow）、蒙哥馬利（Montgomery）等人的實驗，證明了自然學家早已知道的事實，那就是豚鼠、猴子等動物是好奇的，牠們有探索環境、把玩實物、窺察究竟的慾望，而這些慾望是獨立於飢餓、性慾與恐懼等本能之外的原級生物需求。這些探究行動有時確會與食、色、恐懼策動的行為結合，甚至為它們服務，但有時卻與它們作優先主次上的爭持，偶爾還佔到上風。早在 30 年代，尼辛（H. W. Nissen）便發現小鼠會千辛萬苦，跨越帶電的鐵絲網去涉獵一個除了結構上奇詭外，甚麼獎賞都沒有的迷宮。在另一些實驗裏，飢腸轆轆的小鼠會不時暫停進食，四處蹓躂去探索新奇的周際……

　　動物行為學家勞倫茲（K. Lorenz）在 1956 年描述了禽鳥怎樣在恐懼與好奇兩種本能之間交戰："一頭幼小的渡鴉碰到奇異的新事物，那可能是照相機、舊瓶子、已剝製的動物標本還是甚麼吧，總先表現了要逃走的反應，立刻飛到高枝上，從有利的位置瞪視着那事物好幾個小時。然後，牠慢慢趨近，一直表露出高度警惕和強烈恐懼的神態。最後的幾步，牠還會側着身軀小跳而近，翅膀保持着半張的狀態，準備隨時振翼飛逃。終於，牠會用那強壯的喙子發出電光火石的一擊，然後立刻飛返那安全的樹杈上去……"這與達爾文（C. Darwin）大半個世紀前在《人類的起源》（*The Descent of Man*）寫的，沒有二致；但卻要到 1950 年代，實驗心理學家才重新接受動物有探索的內發動力。

　　到了 70 年代中，探索（與學習）內發動力的概念已進

入了教育心理學；但到今天為止，主流教育還是未見有相應
的根本變化。

第二章

破舊思維
迎新意念

少年時初學繪畫，沉迷極了，常隨老師到鯉魚門、香港仔、沙田等勝景去寫生，樂而忘返。漸漸地也有點成績，自覺已頗能捕捉大千世界的神韻，觀察也開始入微，不少以前從未注意的自然及社會形態或細部，都因為要描繪而被我不無驚異地發現。於是無論走到哪裏，都以左右兩手的食指和拇指，張開架成長方框架，把眼前景物框勒一下，看看是否能夠入畫，慢慢地這動作竟成為觀察客觀世界的習慣。

幾個月後，才悚然而驚 —— 美術本來應教我開放自己去看的啊，但我竟讓學到的一些寫生微末伎倆牽着鼻子走，成了坐井觀天，那些在手指構成的取景框以外構圖未佳的事物，我豈不都視而不見了嗎？（假如我與畢加索（P. Picasso）的“邂逅”較早一點，或可避過這一場荒誕 —— 畢加索哪管有趣的元素在框架內或外，甚至視線是否能及，反正都一股腦兒地搜羅，在畫幅上才重新組合。）這大概是第一次朦朧地意會到，有了某種專門知識固然有助於分析、批判和表達感知到的事物，但一不小心，又反會局限了對外界事物的接觸、吸納、篩選、排列的方式與審視的角度。

創意既來自本不相關的思緒，透過主體的“第三隻眼睛”驀然契合，“隧道視野”便是致命的障礙。這種單一視野既可能來自社會上的文化範式，也可能來自有關專門領域的主流思考軌徑。例如在以下〈漠視他人看法〉一文便提到，費曼（R. Feynman）經數載創意枯竭後，猛然醒悟到必須暫時漠視領域裏的主流思考軌徑。楊振寧與李政道在1959年要進行 W- 介子研究時，也先下了決心暫不閱讀別人近年的有關論述，結果他們便真的繞過了一般的誤區而達成創新。

與此有關，主體也須懂得如何在專心致志於某事時，如偶或碰到真有意義的另類現象或信息，能不會輕易錯過。愛迪生（T. Edison）就是因聽到了自己正在研製的電報發訊器在操作時發出的嗡嗡雜音，而發明了留聲機。佛林明（A. Fleming）就是看到自己在窗前培殖的葡萄菌樣本被污染而細加觀察，從而發現了盤尼西林。

"隧道視野"是創意的死敵，而人們又往往在商機開拓、集體創作等行動中，對種種構想過早狠狠批判，結果便只能是創意凋零。早在18世紀末，席勒（F. Schiller）便在給友人的一封信中，提醒了必須讓多種看似矛盾或無效的思緒在腦子裏共存一段時期，才可能偶或通過它們之間的互撞、組合、排列，湧現有效的創意。不少靈感或思緒往往與主流的思考取向相反，甚至一看便覺得有所偏差，但往往就是通過前者作為"逆向思維"的橋樑，或讓後者扮演"謬誤中介"的跳板，躍離庸常的思考軌徑。

當然，無論是藝術創作、商機開拓、社會改革或科技研究，往往需創新主體窮年累月、殫精竭慮的投入。除時間與精力的投資外，有時還得面對來自行內行外的主流壓力。楊振寧與李政道把好幾個月的寶貴時日，投入到成果渺茫的宇稱不守恆研究；英國數學家懷爾斯（A. Wiles）花了整整八年的光陰，躲到家中閣樓上去，獨立及保密地默默鑽研"費馬大定理"這 350 年的懸案，都需要過人的勇氣與毅力。

不過，正如巴斯德（L. Pasteur）所說："機遇總偏愛有備的心靈！"無論是李、楊、懷爾斯或以下會詳細提及的佛林明，我們如細細檢視他們的人生旅程，都會發現以往的足跡與經歷，已讓他們孕育了一旦與千載機遇邂逅時所需的敏銳感應、逆流而上的意志，及勇往無前的激情。

漠視他人看法

　　1965 年底，美國物理學家費曼（R. Feynman）以量子電動力學獲得了諾貝爾獎。第二年，他陷入了創造力的低潮。同事顧德斯坦（D. Goodstein）與他結伴前往芝加哥大學演講的途中，察覺到他低沉的情緒。次日，顧德斯坦下樓吃早飯。發現費曼正與另一人談得入神，顧氏要許久才恍然認出此人就是與克拉克（F. Crick）一起發現 DNA 分子結構的華生（J. Watson）。

　　華生把一疊文稿交給費曼，請他閱讀後寫點介紹推薦，那就是後來一紙風行的《雙螺旋 —— DNA 結構發現者的青春告白》（*The Double Helix*）一書的初稿。書裏坦率真實地披露其研究成果使同行大為震動，它揭示了現實裏科學家的勃勃野心、競爭心理、頻生的錯誤、溝通上的困難、摸索過程中的興奮與激動，特別是那長期在朦朧中的摸索，答案似在咫尺又遠在天涯的心路歷程。

　　當天傍晚費曼在為他而設的社交聚會中一去不返。顧德斯坦到他的房間找他時，發現他剛把文稿看完。他對顧氏說："你一定得看看它！""好啊！我翹首以待。""不！我是說現在。"於是顧氏只好坐下來翻看稿頁，費曼就坐在房間的另一端看着他。黎明時分，顧氏終於看完了，抬頭對費曼説：“華生不是十分幸運就是非常聰明，他與其他人的信息如此隔絕，卻竟有那偉大的發現。”費曼拿起他剛在上面塗畫的賓館信箋給顧氏看，上面寫着“漠視一切”幾個大字，旁邊還加上許多裝飾花紋。他説：“這就是我從那書稿重拾到的研究策略 —— 要漠視其他人的看法，那才可以有新的發現。這是我以前就知道的，最近忘了。”

費曼的提法往往語出驚人，但也説明了一個道理：歷史上有不少科學研究社羣，在某個領域裏雖時而在邊緣上有零星的發現，但與根本的問題糾纏了年年月月卻仍毫無真正突破。這可能是由於他們的思路一直陷於既有的範式；在一些關鍵的環節上，犯着微妙的觀念上的差錯。由於這些科學社羣的種種構想仍有迷人的、合理的方面，如果一頭便鑽進他們的工作裏，很容易會重蹈他們的思想軌道，陷進他們的理論迷陣，不易再破繭而出。

楊振寧也談過類似的看法：“1959 年左右，我和李政道要討論 W 介子，研究矢量介子的電磁相互作用。我們決定不再研讀現有的論文，重頭去做，做了一段時間，就發現別人的文章雖然多，可是有很多是不對的，做了一年我們成了這方面的大專家。……如果一開始就跟着別人跑，可能有些最大的問題便不會去問了。”

有創造力的人，就是有長期處於朦朧而不惶不躁的本領。這本領稍有匱乏，便自然會尋求在前人漂亮、迷人的豐富經驗、想法或成果中找尋慰藉與秩序，紓緩在迷霧中的不安。但這樣一來，便易陷於不能自拔，重蹈前人一直以來的覆轍。

培養創造力的行動

　　十多年前在香港大學有一個"創意思維在大學裏的培養"研討會，我應邀參加，講述了我的一些有關思考。

　　要培養創造力，最理想的，當然是讓創意的思維滲透到所有大學課程裏去。藍士頓（P. Ramsden）認為真正學習的定義是"學生對世界的概念的轉變和改構"，這與創意的產生及完成的全部過程並無二致 —— 有意義的創新和真正的學習實在是相同的認知行為。不過，要全部大學課程的教與學都達到這種境界，或許是最終目標吧，卻不易一蹴而成。

　　另一種辦法，是設計一些專門訓練創造力技巧的課程，裏面闡述一些原理，然後輔以一些練習，讓學生熟習一些創意思維的程式。狄·邦諾（E. de Bono）、史登堡（R. J. Sternberg）、史坦恩（L. Stein）等人的一些專書所介紹的都是典型的例子。

　　這些課程頗能讓學生感到，在創新行為中某些階段的思考方式，與自己一向奉為圭臬的直線思考南轅北轍，從而認識到必須另闢蹊徑，加學另外一套 —— 這種啟悟是有的，而且有時很強烈。但如果學生在以後的學習生活裏，未能有機會延續鞏固的話，恐怕這些工夫會盡付流水。問題是，在這類課程中，不能讓學生經歷到，在現實中要發揮創意以達到有意義的成果的話，要面對的許多讓人困擾的棘手環節。

在現實的複雜環境裏達到創新，要在千絲萬縷的現存條件裏找到空間，找到機會，並善於掌握它，構思出種種與當前"範式"不易調協的意念，按照真正的客觀狀況（而不只是想像中的疑慮）去蕪存菁，篩選出既有突破意義，又切實可行的構想。這種創意的產生和評審的循環過程，通常還要重複多次，歷盡艱辛，才告完成。在整個過程中，除了要克服純粹知性的障礙，還要逾越情緒的、文化的、環境的、團體和組織的障礙。在學習的過程中欠缺這種歷練，將來在現實面前還是會茫然失措。

我曾經到北京和上海主持長期的創意寫作課程，"剽竊"的和自己發明的許多練習、活動和整體的策略構想，後來都發現與培養創造力的要求不謀而合。不少技法，簡直就像是從狄・邦諾等人設計的練習，根據寫作的具體要求變易而成的。

例如"隨意寫"（free writing，參考本書第五章）就是要培養能把腦海中的批判機制與創意機制暫時分割；隨機實物聯想的寫作活動就是創意思維常用技巧中的"視覺挑釁"（visual confrontation）；角色互易或不協調情景寫作就是"逆向思維"（reversal thinking）；要求學生從作品中那重要道具的角度擬人寫作，就像辛納迪克斯技法（Synectics，第五章會詳細敍述）的"個人類比法"。此外，課程中也大量運用"腦力風暴"（brainstorming）產生創意，甚至還有相類於近年在歐陸大行其道的"書寫風暴"（brainwriting）課堂活動。另外還有不少培養學生接觸潛意識的能力，發展原級思維過程的有效辦法。……

重要的是，因為要完成一個大型的寫作活動，兩、三個月下來，的確讓學生經歷了一個艱辛漫長的創造工程，與他們以後在現實其他領域要碰到的，雖或異質，卻是同構，鍛煉所得的能耐就較易轉移。

所以，在大學裏培訓創造力，還有第三種辦法：把創意的理論、技巧，和一個適當的學科結合——例如寫作、工業設計、城市規劃、診斷學、電腦程序設計、市場推廣學等——組成新的課程。學生不必按自己的本科選修，事實上距離較遠可能更好。這種辦法，似是最有效而可行之道。記得當時在會後，康奈爾大學教育研究院院長李普教授（R. Ripple）對我說，他從事創造力的教育許多年後，近來漸漸形成結論，與我的看法不謀而合。

以上所提的培育創造力行動，仍多是由校方或老師推動及主導；但可能更有效的，是同學對發展創新能力的需要有所啟悟後，或自己一人，或三五成羣，主動發起、設計與投入一些行動。既是自發，動力便是來自某種雖或只朦朧感覺到的強烈興趣，也即第一章提到的"創意之輪"上的"激情"；如此，便更有利主體重喚涉足新域的韌力，也即"創意之輪"上的"負能量"。

雖說近年在學校裏的自主空間已愈來愈窄，同學們要邁出腳步，其實仍不太難。他們可以爭取在假期裏到另一大洲去"背囊旅行"、鼓起勇氣去學習一種新的語言、做一些多年以來總想嘗試的事（看話劇、聽古典音樂……）涉獵一些自己早有興趣，但至今仍感到朦朧的學問（例如滙率、股市、現代美術……），甚至只試試看書時從中間看起……

同學也可夥集三五同道，動手籌辦大型的學生活動，殫精竭慮於人手糾集、資源拓展、場地開闢、節目構思、推廣策略等此呼彼應的許多因素，驅動這龐大複雜的系統工程，開創新的局面。

同學也可帶一點冒險精神，參與創意寫作、戲劇創作等工作營，從零開始經歷資料擷集、劇本編寫、圍讀、演導排練、公開演出及與觀眾討論的過程，學懂從山窮水盡走到柳暗花明。

同學也可以進行社會考察，邀請不同的業界精英當顧問導師，個人則駐紮於不同的團體、機構或行業，或參與工作，或提供服務，同時進行認真的調研，題目可以是新聞行業、電影製作、法律事務、邊緣青少年現象；甚至深入考察色情行業、非法賭博……。關鍵是不要貪多求全，只需突破一點，體驗從"不知"走到"知"的艱辛快慰。

感知與理知

上文〈培養創造力的行動〉提到，培養創造力可通過社會考察，我曾籌辦一個"雙城考察計劃"，30位北京的大學生，與30位香港的大學生走到一塊，分成15個4人小組，每組發放一個專題，先後在京港兩地進行深入的社會考察。

兩地報名參加的學生都比名額多了幾倍，主辦小組在反覆推敲後，定下標準，通過面談、隨意寫（free writing）等活動進行甄選。標準有三個：一、對外在的世界開放敏感；二、具備不僵化膠結的認知構架，能因應外來的信息調整心靈內既有的觀念；三、有強烈的溝通意欲。訂定標準的時候沒有想到，但前兩點其實是指具備較有效的感知（perception）能力與形態。

"感知"就是怎樣去吸納、篩選和組合各種信息的認知機理。信息到達人的腦袋，先得經過感知的處理，在心靈裏有合適的顯象與排列，才能開始評價、分析、推理等線性操作。"感知"與"理知"同樣重要，線性處理的能力再強勁嚴謹，缺乏開放彈性的吸納機制，也只能像電腦俚語裏説的"垃圾入，垃圾出"（garbage in, garbage out）。可惜從小學、中學到大學，教學注重的只是邏輯、推理與分析的訓練，孩子的感知能力便愈來愈萎縮；"感知"與"理知"兩者既相輔相成，缺乏感知的培養，理知也不多見有健康發展。

1974 年我曾與盧景文等文藝界朋友往中國桂林旅行，中間當然少不了灘江十里的一節。乘汽船順流而下，那青葱蒼鬱、層層疊疊的勝景，確是甲於天下。團友中不乏精於攝影的視覺藝術高手，皆擎名貴相機，在甲板上爭相獵影。盧景文倚着欄杆，頸上掛着小相機，偶然也朝着山山水水按一下快門。甲板上浪花四濺，水珠沾濕那沒有上蓋的鏡頭時，他便隨意用手帕揩乾。別人問及這相機，他只説："傻瓜機，兩百塊錢。"

回港後聚餐活動，眾人都把自己的旅途攝影作品帶來，給大家分享，一時琳琅滿目。不久盧景文到了，他從口袋裏掏出一串甚麼東西，放在桌面上抹平，是幾十張 3R 的彩色照片，用透明膠紙貼成一排。原來他在灘江取景時早有"預謀"，一張照片中景物的終結便是下一張的開始，黏接起來便是逶迤不絕的灘江十里。接駁處當然是粗糙的、錯隙不少，但在當時現場看到的其他許多高技術高技巧的相片中，卻以他這串相片最能捕捉那使人魄蕩神馳的山不盡、水無涯。

高超的攝影技術、精確的器材，就相當於強健嚴謹的邏輯與分析思維能力。怎樣去框勒灘江山水，找到原來最吸引人的特徵 —— 這個碧翠的山巒剛在你跟前掠過，另一座奇峰異岩已從斜刺裏冒出頭來，連綿不絕 —— 那就是"感知"思維了。

走出隧道視野

　　愛迪生（T. Edison）發明留聲機的過程，是一個很有意思的故事。當時他正在同時進行 50 多種發明的試製工作，其中包括打字機和一種電報記錄器。後者的原理是把接收到的電碼訊號，用鋼針刻鏤在一隻旋轉的圓紙盤上。如果要把訊號轉發到另一個電報站，只須把圓盤置放於另一發訊機上，紙盤在轉動時，機上的一支接觸樁就按照盤上刻有的凹洞跳動，從而把相應的脈衝電流傳送出去。

　　在這項設計的試製過程中，愛迪生意外地發現，由於樁桿在劃過那許多長短深淺不等的坑窪時強烈顫動，竟發出有節奏的聲音來。紙盤的轉速加快一點，那聲響變成一種嗡嗡的低鳴，再快一點又化為恍如樂韻的聲音。

　　愛迪生原意是要試製電報傳訊機，發明品是否會發出聲響本來與他的目的無關，但他卻沒有對這煩人的現象聽而不聞，反而萌發了另一個更有意思的念頭。他把圓紙盤以一個錫箔的圓筒代替，又把它連到一塊金屬薄片上。他只花了 18 美元製造這玩意兒，然後便當眾示範，絞動圓筒的把手，對着它呼喊："瑪麗有頭小綿羊"當那機器以金屬的聲音重複他這句話時，舉座盡皆惶惑。那是人類歷史上第一次能貯存自己的聲音，並像顯靈般讓人重新聽見。

我們自小就受到諄諄教誨，辦事和思考都要心無旁騖。這當然有道理，但只說了事理的一端；永不稍歇的專注往往使我們侷促於“隧道視野”，因而永遠找不到創新所必須的另類角度。比如愛迪生聽到那紙盤發出的異聲時，若真的心無旁騖，便不可能領略到那“噪音”裏的“信息”。同樣地，科學家巴斯德（L. Pasteur）如果見到其中一批實驗雞隻，在注射了桿菌樣本之後還沒有死掉，卻置諸不理，他便不會引伸“種牛痘”的原理而發現廣義的“疫苗接種”（vaccination）；如果醫生佛林明（A. Fleming）看到培植的葡萄菌樣本被青黴菌孢子污染而未加注意，他便不會發現盤尼西林（Penicillin）；如果藝術家畢加索（A. Picasso）在參觀人種博物館時，雖看到那粗獷動人的非洲面具，卻未能與自己專注的畫作構想結合起來……都不會達成劃時代的創新與發現。

問題是，無論是在我們感知事物的那個過程中，還是在我們集中精神去思考問題的時候，要框勒內心浮現的或外界傳來的信息，總無法不根據當時已積澱下來的取捨標準。我們總是要到創新的突破已完成後，才恍然知道還得依靠一些原本看來不那麼相關的資訊、想法或概念，以奇異的方式組構起來，才能成為嶄新的創意。

現代認知心理學家早就發現，人是否有創新的能力不在於他的智商有多高，而是在於他專注一事之餘，是否偶或還能吸納掩映於心靈邊際的信息。

當批判成為習慣

　　阿偉剛説完他的構想，旁邊的一個女孩子便搖着頭道："或許我錯過了甚麼吧，但聽來這故事還是不行，戲劇性不強，那主角邊緣少年的行為太容易讓人預料得到了。"其他人都低着頭，或目光瞧向其他方向。

　　劇社主席有點焦急了："看！我們的會議已開了五個多小時，方案也已提出四、五個，還是不得要領，時間無多了啊！"他看到各人仍在發呆，剛才的那個阿偉已坐到角落去，把弄着原子筆不作聲，主席只得再説："那樣吧，開始的時候阿弘提的那個構想似乎還有可為，可否⋯⋯""那太冒險了吧！那些人物我們很難演得好。"站在一旁的瘦小子説："我的意思是，要是時間充裕，還可以試試，現在⋯⋯"眾人七嘴八舌又再對阿弘的設想作出"公允"的評價。雖然各人都小心翼翼，在批評之前還記得講些肯定的話，但即使如此，這個會議開了半天，仍是原地踏步。問題是，這個會議並沒有開成一個創作會議 ── 即使是很認真、很客觀、很善意的評審會，與要發動創造力的會議還是南轅北轍。

　　新生的構想總是脆弱的，很多細節都未醞釀成熟，很難有效地保護自己；許多本有潛力的構想，便是因過早暴露於批判而夭折。有時某些意念的確是有缺憾的，甚至是錯誤的──但人的創造或發明，往往要經過不少錯誤的步驟，才有一天豁然開朗。

但我們從小便耳濡目染，學懂一碰到有缺憾的、粗糙的或與社會習俗不合模範的想法，便迎頭痛擊；在學校裏的教育，更強化了這些偏向。你要是總能不假思索對一些觀點提出一針見血的判斷的話，人們便認為你聰敏高明，你也沾沾自喜。反之，提出新構想的人卻容易顯得天真笨拙。何況，批評比創建容易得多了，既可隨意改變自己的立場，只須找到一個有利角度，對手便潰不成軍。難怪人愈長大，愈習慣只懂得用懷疑和批判的態度看待新生的事物，甚或讓這習慣結殼為強制性的思考勢態，不只對別人的意念挑剔抗拒，即使是自己的意念，除了怕受別人批評不敢拿出來之外，也往往受到主觀裏過度膨脹的批判機制所壓抑，還未成形已胎死腹中。如此，創造力當然萎靡。

為了說明這個問題，我曾於創意培訓課上，按照一個題目讓學生集體解難。開始時我規定，有人發言後，下一位要發言的，必須先說："是啊，但是……"才接下去講自己的想法。如此進行了好一會，大家都覺得步履維艱之後，便宣佈改變規則，以後接下去的人要先說："對啊，而且……"沒多久人人便脫胎換骨，優質的新點子源源不絕。

創生及批判的左右手

　　德國詩人席勒（F. Schiller）曾於 1788 年，給文思枯竭已好幾個月的友人寫了一封信：

　　"你現在的困擾，我認為來自你的理知對你的想像力的抑制。讓我試用一個比喻把想法表達得明確一點吧！如果理知站在門閘前，對源源湧進的新想法作過於挑剔的檢查，結果便會十分糟糕，對心靈的創意工作極為不利。某個想法單獨看起來可能微不足道，甚至匪夷所思，但卻往往可隨着另一個想法的降臨而變得舉足輕重：它與那後面驟看同樣荒謬的想法結合起來，便成為一個極有意思的環節。那就是說，除非理知願意把想法留住，與絡繹而至的其他意念一併考慮，否則便不可能作出恰當的判斷。"

　　"在創意蓬勃的心靈裏，理知會放鬆它在門前的防禦，讓不絕而來的許多想法湧進，然後才擺到一起細意品評。"

　　"你們這些批評家啊 —— 或隨便你們高興怎樣稱呼自己吧 —— 你們對在創意心靈裏都脈動着的瘋狂情景總感到可恥或可怕，不知道這瘋狂時段的或長或短，恰恰正是藝術家與作白日夢者的判別。你抱怨創意成果匱乏，正是由於你排拒太早、判斷太苛。"

　　遠在有 "左腦"、"右腦" 等概念之前，席勒已意識到意念的產生與意念的判斷，在心靈裏由不同的部門掌管，運作還相當獨立。他主張要暫且網開一面，讓眾多想法到齊，才結合起來全面判斷。這便與兩個世紀後著名創意寫作教師艾爾堡（P. Elbow）的主張遙遙呼應——後者認為在寫作過程中的創生機制與批判機制恍如左手和右手，無分軒輊，但如果同時起動，便反會互相抓牢，兩手皆廢，甚麼都做不出來。他還因此設計了如"隨意寫"（free writing，參考本書第五章）等技法，讓寫作人可暫時避開絮絮不休的"批判心靈"，在天機一片裏先讓瘋狂意念自由湧出。他堅持寫作上的"創生"與"批判"兩種認知行動，在時間上要有所分隔，輪流操作，各有其時。不過，他從沒有貶低批判的環節，還推介了"無師寫作班"（一種群體互動寫作坊）等技法，讓寫作人可聽到反饋，有效地篩選、梳理、修改及編織那許多新生的意念。

不少寫作人漸漸學懂了暫不刻意推敲，先把浮現的種種思緒振筆寫出，才再回頭，以加倍警惕及批判的眼光，對這些亂七八糟的文字重頭修飾。艾爾堡說如此一來，"創生"與"批判"之間便再不是零和遊戲，不是你多一點我便要少一點，而是找到了辯證互促的關係：既清楚知道後面還有防衛線，"創生"機制便更輕裝上路，翻出心靈深處久未出土的蘊藏；另一方面，既意識到還有源源不絕的許多原始想法，"批判"機制便有決心加倍嚴格——如此，兩種機制的能耐都有了更廣闊的馳騁空間。

席勒信裏的一番話，已勾勒出今天許多創新技法的關鍵：例如奧斯本（A. F. Osborn）揭櫫的"腦力風暴"（brainstorming），便是以"暫緩判斷"為首要訣竅。

逆向思維

　　我們唸小學時大抵都讀過一篇關於司馬光童稚時代的課文。故事說司馬光和一羣小朋友在花園裏奔跑嬉戲，其中一個小孩掉進了大甕缸中，水深過頂，爬不出來，眼看就要溺斃了。眾小孩中，有嘩地放聲大哭的、有拔腿跑回家找父母來救的，有嘗試爬高到石山上努力用樹枝去打撈的，更有嚇得呆若木雞的……。只見小司馬光不慌不忙，到假石山旁搬了一塊大石，用力把水缸砸破，水嘩啦嘩啦地流出，遇溺的小孩乃得安然無恙。

　　如果心理學家狄‧邦諾（E. de Bono）知道這則故事，必會認定這是他鼓吹的"橫向思維"的一個例子，屬於其中一類，叫"逆向思維"（reversal thinking）。童稚期的司馬光，不執着於慣常的思路，一味想着"怎樣才能把小孩從水裏救出"，而想到"怎樣把水引離小孩？"

　　物理學家約瑟夫遜（B. Josephson）在為狄‧邦諾《我對／你錯》（*I Am Right, You Are Wrong*）一書所寫的代序裏說："在狄‧邦諾之前當然不是沒有橫向思維，而是他把這體制教育裏經常忽視的思考方式系統地界定，闡明它在創新過程中的關鍵地位，並建議人們可以怎樣培養它。"

　　逆向思維在寓言故事裏的例子多着呢！伊索寓言裏，便有一則講一隻將渴死的鸛鳥要從一隻長頸瓶子裏喝水。瓶內的水極淺，鸛鳥雖有長長的尖喙，還遠遠夠不着。於是牠搜羅了大量小石卵，一顆一顆投到瓶子裏，水位上漲後，便可飲水止渴。不求長喙的及遠，改圖水位的移近，也是逆向思維的一例。

牧羊人驅趕山羊在崎嶇山道上緩緩而行，兩旁盡是險峭溝壑，一不留神便會掉進萬丈深淵。一位旅客駕駛着吉普車，沿山徑匆匆趕路，給羊羣攔住，乃要求牧羊人把羊羣分開兩旁，讓他駕車穿過。牧羊人斷然拒絕，因為如此一來，難免有個別羊隻被擠到山下去；反之，他指示吉普車先停下，讓他趕羊羣繞車的兩邊過去。

傳統戲曲裏的雜劇《灰闌記》，講兩個婦人爭奪一個小孩，二人都自稱是小孩生母，乃纏扭到官府。當時包公坐堂，命衙役用白堊在地上畫了一個圓圈，讓小孩站在中間，兩婦人在兩旁各拉着他的一隻手。包拯說：「誰是生母，誰便能將小孩拉出圈子，愛的力量會幫助她。」角力剛要開始，一個婦人哭了起來，說不能讓小孩受損傷，寧願放棄。包拯把小孩判給她，說她真心愛護小孩，顯然是親母。這故事裏的智慧代表包公無疑也運用了逆向思維。

逆向思維的作用是對感知的一種"挑釁"，把問題以種種不同的辦法反過來看，往往能找到意料不到的角度，達到創新的飛躍。

跑贏吃人的巨熊？

　　認知心理學家史登堡（R. J. Sternberg）曾講過一個故事：兩個學童阿叻和阿茂在樹林中遊玩，突然遇到一頭兇猛的大灰熊向他們衝來。智商甚高、考試成績必列前茅的阿叻迅速計算出巨熊在 7.95 秒內便會追及他們。而智商平平的阿茂卻匆匆把腳上的皮鞋脱下，換上競跑鞋。"你不是蠢得這個樣子吧？我們誰也跑不過牠！"阿叻説。"對啊！但我只需跑贏你。"結果給巨熊撕個粉碎的，當然不是愚魯木訥的阿茂。

　　十多年前，曾為港大的通識教育主持《創意思維》的課程，在內容簡介裏寫下上述那帶點黑色幽默的故事。目的當然不是教學生臨危棄義；而是指出創意思維的一種特徵—— 從不同的角度重新審視問題。這種思想的習慣、傾向和能力，正是主流教育奉為圭臬的分析思考、批判思維和邏輯推理所不及提供的。反之，在中學和大學裏"受訓"了許多年的學生，往往不自覺總假定解決每一問題只有一個途徑、一種視角和一種方法。

　　次年，再次主持這個課程時，我又在內容簡介裏寫了以"橫向思考"（lateral thinking）馳名世界的狄·邦諾（E. de Bono）講過的一個小故事：

在美國西部的一個酒吧裏，三個"牛仔"喝得半醉，正借着酒意挑釁打架，差點便要拔槍殺人了。店主拿他們沒辦法，乃懸獎讓他們賽馬，在酒吧前劃一條線為起點，以小鎮的另一端的水井作為終點。不過他定了一條規矩，説明"誰的馬最遲到達終點的可得獎金"。怪招是：不賞最快，賞最慢。獎金為數不菲，三位牛仔磨拳擦掌，聲明不勝無歸。但到了起點後，三人都磨蹭在那裏，誰也不想先上馬，吵嚷了許久。

突然，有位牛仔飛身躍上一匹馬，向着終點狂奔。另一人怔了一怔，也騎了另一匹馬向終點奔馳。當然，他們策的都不是自己的馬；而結果贏了獎金的，肯定不是那還呆在起點不動的第三位牛仔。

狄‧邦諾講這個故事，原意是要突顯他倡導的"橫向思維"的特徵。他認為主流教育所重點培養的線性分析邏輯思維為"直向思維"（vertical thinking），只懂一往無前，埋首在原地打洞。鍥而不捨的精神固然可嘉，但要是勘探的礦藏不在那裏，怎麼辦？他主張也要學懂往不同的地面上採鑽，找尋另類的感知角度，開闢新的解難途徑。

當年香港大學的就業顧問委員，在一份總結兩年調查的報告書中，指出外界僱主最希望大學生能強化的"核心能力"，就是"橫向思維"。

把腿全打斷吧！

　　美國一家大型電話公司在數十年前開辦了一個接線生培訓班，花了不少資源心思，終於源源訓練出一羣極出色的接線生，對業務大有促進作用。這個培訓班還被雜誌廣泛報道，其他企業也爭相效法。可是不久之後，公司發現新人陸續辭職，細查之下，原來其他企業覬覦這些難得的人才，紛紛以高薪厚賞誘使他們跳槽。

　　公司當局大為着急，頻頻開會，設法抵禦這次挖角潮，甚麼辦法都想過了 —— 皆未能奏效；無論條件多優厚，別家公司總似仍有辦法錦上添花。在一次挫敗氣氛籠罩的會議裏，行政總裁氣餒極了，狠狠地說：“就把他們的腿全打斷吧，看他們怎樣跑！”在隨後凝住了的空氣中，人力資源主任突然說：“對！就這樣辦。”

　　其他人都轉頭看着那位主任。行政總裁說：“你是在說笑吧？”主任整理了一下自己的思緒後說：“不，我是認真的。我們以後就只培訓有殘疾的、需要坐輪椅的人。我們公司的設備也要因此作出調整，除一般的斜坡台、扶手、自動感應門之外，還要設置多種方便殘疾人士的措施，例如復康計劃、特別設計的車子接送他們上班下班等……。我們每年培訓的有好幾十人，別家公司若要‘撬牆腳’，每家只能要兩、三人，要為這些員工大興土木，他們劃不來。"結果公司欣然採納了他的建議，一勞永逸地解決了問題。那意念的靈感，完全來自"把他們的腿全打斷吧"那一句荒誕的負氣話。

這個故事是"謬誤中介"（Intermediate Impossible）的一個有趣例子，是"橫向思維"的技法之一。一些想法剛提出來時，一聽便覺荒誕無稽，但如果探索下去，則往往發現當中還有可取之處；甚或以另類角度詳加審視後，發覺原來是可行的；又或許的確錯誤，但思路卻可因受到它的挑釁而跳出了庸常的軌徑，終於找到奇妙的方案。

狄・邦諾（E. de Bono）還舉過一些例子，闡明"謬誤中介"的創造性思考機理。工業製造所引起的河水污染，是嚴重的環保問題。在一次創意思維的工作坊裏，狄・邦諾先設置了一個意念："所有沿河工廠必須建於自己的下游。"這顯然是荒誕的，一所工廠不可能同時位於兩個地方，但狄・邦諾要求學員仍以此為腦力風暴（brainstorming，或譯腦力激盪）的跳板，討論下去，終於提出了一個實際可行的新辦法 —— 就是立法規定工廠的排水渠出口，必須建於自己上游的一個指定距離。那麼如果工廠的污水淨化系統不完善的話，必先自食惡果。

"暫緩判斷"原是腦力風暴的要訣之一，其他的竅門，還有"數量出質素"，還要堅持"以別人的點子為跳板"，輾轉搓捏出既原創又優質的意念。

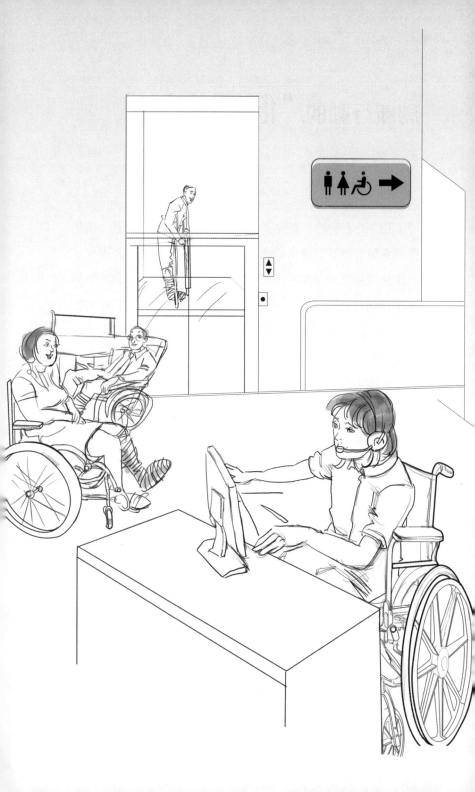

創新行動的 "低買高沽"

在 1957 年初，李政道、楊振寧的 "宇稱不守恆" 構想得到實驗的證實之後，說老早已想過這樣可能性的人不少，但是他們為甚麼沒能進一步，像李、楊一樣對以往的實驗結果作詳細的分析，指出在弱作用裏宇稱是否恆等其實還未能有定論，甚至進而建議一些新的實驗，可作宇稱是否恆等的試金石呢？

答案可能就是如認知心理學者托洛特爾（W. Trotter）所說的："就像軀體不會歡迎外來的蛋白質一樣，心靈總不欣賞陌生的意念，並以同樣的勁道把它排除。" 要當時的物理學家接受，現實中的現象，和這現象在鏡子裏的影像，兩者遵守的是截然不同的定律，的確非常困難。何況，當時分析原子、分子和核子物理現象，都運用了宇稱恆等的假設，一直都有着成就。

早在 1956 年 4 月初的洛徹斯特物理研討會中，費曼（R. Feynman）與一位實驗物理學家布洛克（M. Block）同住於一個酒店房間。一天晚上，布洛克問費曼說："幹嘛你們總對這宇稱規矩那麼執著？ θ 與 τ 不可能是同一種粒子嗎？宇稱不恆等的話，會有甚麼後果呢？" 費曼叫他不如明天在會上詢問這方面的專家。布洛克搖頭說："我問的話，他們不會認真對待的。你問吧！"

布洛克的問題與當時困擾物理學界的所謂"τ-θ 疑團"有關。當時在迴旋加速器中產生了兩種粒子，分別叫 θ 及 τ，兩者在質量、半衰期等性質都完全相同，除了前者衰變為兩顆 π 介子，後者衰變為三顆。

本來一種可能是 θ 與 τ 是同一粒子，只是有時衰變為三顆 π 介子，有時兩顆。問題是，這兩種衰變態的"宇稱"並不相同，如果 θ 與 τ 是同一粒子的話，宇稱就不恆等，那就會有很奇怪的後果 —— 我們在鏡子裏觀察物理現象而總結出的某些定律，將與從直接觀察總結出來的定律大相逕庭。這顯然是難以接受的。何況，當時的核物理實驗結果，都一直與宇稱恆等的假設符合。

於是在次日會議的討論時段裏，費曼站起來說："我是為布洛克提這個問題的：要是宇稱不恆等的話，會有甚麼後果呢？"蓋爾曼（M. Gell-Mann）後來常常取笑費曼，說他不敢以自己的名義發問。費曼否認，說當時是因為想到這問題可能是重要的，不應掠奪布洛克之美。但蓋爾曼說的"不敢問"，在當時卻是一般的現象，因為要懷疑宇稱恆等這金科玉律，連最負盛譽的科學家，也擔心會被認為是江湖郎中、不學無術。

事實上，實驗物理學家藍西（N. Ramsey）於會後也曾問費曼，他應否進行一些肯定會非常艱巨的實驗，去搜尋宇稱不守恆的證據。費曼說："或許可以這樣說吧，我可以50 對 1 的賠率和你打賭，你不會找到甚麼。"於是藍西便沒有上馬。

後來，到了 1956 年底，當時包括吳健雄已有三組隊伍進行有關的實驗。在芝加哥的泰勒格弟（V. Telegdi）一組，託人告知楊振寧實驗的進展，但仍要求楊嚴守秘密，除了李政道之外，別要向任何人提及 —— 他還要承受同行間輿論的壓力呢。

楊振寧在高等研究所的同事派斯（A. Pais）在自己的日記裏有這麼一段話："在洛徹斯特回紐約市的火車上，楊教授與筆者跟韋勒教授打賭 θ 與 τ 是不同的粒子，賭注一元，韋勒教授後來已贏得兩元，謹此記錄在案。"

楊振寧於 1956 年 4 月底在紐約的上海飯館向李政道提出，如果宇稱在強作用力恆等，而在弱作用力不恆等，那麼，引起的種種疑問就可迎刃析明。當時他花了半天，説服李政道該往這個方向開展深入的數理分析。

楊振寧後來與李政道一起，花了整整兩個月，埋頭苦幹，探討宇稱不恆等的理據，看來正是史登堡（R. J. Sternberg）所説的在重大創新行動裏的 "低買高沽"，人人都看淡，他們偏要投入不菲的機會成本 —— 這兩個月的時間去研究，當時別人都認為該投資到較 "實際" 的方面去呢。認識楊先生的人，都覺得他有時有點 "犟"；但可能正是這點固執，讓他達成別人想像不到的突破。

當然，楊振寧在 β 衰變方面的雄厚理論經驗，也讓他相信能在不太長的時間裏，把以前的實驗結果再徹底梳理，找出是否真有宇稱恆等的實證。剛萌發出來的靈感，總要與許多承傳下來的知識結合而成的構塊，互相撞擊、變形、改構，然後兩者驀然契合，才能產生較成熟的具體倡議。楊、李當時之所以能擇善固執，也不只在於個人的心理韌度；分析過程的完成，也須不見得會遙遙無期，才能堅持下來。

機遇偏愛有備心靈

　　1929 年，醫生佛林明（A. Fleming）正在實驗室裏工作；一陣微風把一些青黴菌的孢子吹進窗口，降落到他正在培殖葡萄菌的碟子上，樣本被污染了。這在生物實驗室裏是經常不過的煩擾，一般只能自怨倒霉，把樣本倒掉，從頭開始採樣本。但佛林明注意到污染面積旁邊的葡萄球菌羣落，都停止活動，失去生機……就這樣，盤尼西林便誕生了。

　　那的確是一樁偶然事件，飄降到佛林明樣本碟上的，只是數百種黴之中的一種，其他任何一種，都不會產生青黴菌那樣的效應。

　　在發現盤尼西林前的七年，佛林明已有另一宗意外的發現。那時他患感冒，一滴鼻涕恰巧掉到培殖菌的碟子上，他發現這黏液附近的細菌，生長受到抑制，於是把黏液裏的活躍成分分離出來，仔細研究。可惜，這種他命名為"溶菌酶"的物質，殺菌力不強，缺乏實際的醫藥作用。不過，想來這事件使他以後對受到外類微生物污染的細菌樣本都特別留意。

　　其實早在第一次世界大戰，他擔任軍醫治理傷兵過程裏，已愈來愈不滿意當時的消毒藥品，因為那些藥品雖能消滅細菌，也同時破壞肌膚，每每使病人雪上加霜。

再追溯他早年投身醫學，致力細菌學的研究，也可説是出自偶然。當時他剛巧在倫敦辦事，卻機緣湊合讓他與聖瑪利醫院的球隊打了一場水球賽。不久，有一位親戚去世，留下一點遺產，剛好足夠他唸醫學院。與聖瑪利醫院既有這段水球情誼，便選擇了在那裏攻讀，結果竟在那裏工作了一輩子。

湊巧當時在聖瑪利任教的、有偉大的細菌學家阿姆羅斯·賴特（A. Wright），正領導研究人體對細菌的抗禦反應，並正在發展防疫注射。於是佛林明便培養了這方面的興趣，並得到百載難逢的良師薰炙。不過，他後來能繼續留在聖瑪利深造研究，卻是因為他原來是一名神槍手，賴特的助手千方百計要把他留在聖瑪利的步槍俱樂部。

佛林明在抗生素學的發現和突破，確似來自一連串神奇的巧合，那不是説全憑幸運之神的眷顧嗎？但從另一角度去看，他在聖瑪利醫院裏，從跟隨賴特進行細菌學的研究，在歐戰期間軍醫生涯裏救死扶傷的感性體驗，到他在感冒中對溶菌酶的以菌壓菌效應的第一手觀察，無一不是為他後來的突破，做了感知上和知性上的充分準備。

還是應了巴斯德（L. Pasteur）的那句話：“機遇總偏愛有備的心靈。”這句話也説明為甚麼巴斯德本人在半世紀前，早提出以微生物對抗微生物的可能性，卻要到佛林明，抗生素才終能面世的原因吧！

第三章

直覺與
夢境的啟導

引言

多年前在中央戲劇學院，客座主持了幾個月的創意寫作課程。面對 30 多個來自五湖四海的青年學生，與他們一起探討創作的奧秘，開啟一扇扇內蘊豐富的心扉，看到他們不只在藝術上，也在人生體悟上成長。

另一方面，在那段時日要在行政方面得到必要的支持，每每碰到重重困難。校方領導當然是誠意地支持，但到了具體運作的層面，便弄得你哭笑不得。有時不免沮喪，疲累與壓抑之餘曾不只一次萌起放棄之念。但想到那一雙雙渴望求知的眸子，便不甘心功敗垂成。

一天晚上，正閱讀學生的作業，困倦中悠然入睡。夢中自己正在一個漆黑冰冷的水潭底泅游，前面左邊不遠處看到一個洞口，洞口正透出迷人的亮光。當時便拼命向着那個方向游去，但那弱水三千隱然有着一股頑強的暗湧，讓我無從發力，拼搏了多次仍是在原處浮沉，那些天常遭遇到的氣餒和無奈，再上心頭。

忘了是否有一把聲音呼喚，我突然想到先順着水勢向旁浮游一兩步，然後又借那渦捲的流向前進了一點，如此一而再，再而三，慢慢地距離那光源已近了不少。最後，竟能用手撥開那搖晃在洞口前的木籬笆，游進了那個洞口。這時便醒了過來，牀單都被汗水濕透了，抬頭望那窗外的月影移牆，心中卻是一片澄明。

那段日子下來，乃依據了夢中的啟示，小處能不執着便不執着，只遠遠瞅着那大目標鍥而不捨、一張一弛。當然也不可能完全避免煩惱與挫折，但總算減少了那種消極與悲觀，雖迂迴卻日漸向那目標邁進。

我相信，那一天晚上在做夢之前，種種的體驗和信息早已存藏腦際深處，卻要等到睡夢之中，右腦的全息、圖像、並行、直感和類比等類型的操作佔據上風時，才能夠把信息創造性地處理好，如暗室初明，如雲開電射。

當然，這夢境只是小事一樁，與凱庫勒（F. von Keku-le）夢到飛蛇自噬其尾而悟到苯分子的環形結構，或保羅・麥卡尼（P. McCartney）夢中驚醒後便揮筆寫下傳誦至今的名曲《Yesterday》等，皆不可同日而語。但互相一致的，是事前都經歷了一段時期的思慮而未得其解，要待入夢之後，日間那許多理知上的窒障暫時匿跡，那無數已被激發的思緒才再在腦海深處自由奔馳、彼此互撞，終而結合成形，接着主體也因某種深心的"愉悅反應"從夢中驚醒。這其實也符合了創新過程的四階段論。

在較日常的層次，青年學子多已有過類似的經歷：記誦古文只七成熟便睏極入夢，次晨醒來竟已可朗朗背出；苦苦琢磨一條幾何題的證明，仍未有解答便已不支睡倒，黎明驚醒時答案竟已伸手可及。

與此相似的一種心智現象是"直感"，那就是我們對周遭事物的一種全面、直接但朦朧的認知，我們對其準確性往往非常肯定，但卻不知其所以然。

　　直感絕不是藝術家所獨有，數學巨擘高斯（K. F. Gauss）便多次說過自己已絕對肯定某些定理是正確的，但卻總無法提供嚴謹的證明。因決鬥而 20 歲便英年早逝的伽羅瓦（E. Galois），在決鬥前夕匆匆寫下了一頁又一頁的數學結果，部分要 20 年後才由別的數學家找到證明，其中更有一些，因推演所需的數學領域當時仍未面世，對伽羅瓦也只可能是（出奇準確的）直覺推斷。在以下〈數學運算由直覺指揮〉一文中也將提到，即使是要證明一條幾何題，雖然步步也須符合邏輯，但每一步該如何選向才走近終點，也得靠直感引導。前文也提到，李政道、楊振寧或懷爾斯（A. Wiles）下決心投下大量時日與精力進行某方面的研究，憑的也是直感的判斷。在我們每天的生活瑣事裏，直感也不可或缺：在馬路上看到一輛汽車飛馳而至時，自己該如何應變，當然那時來不及精密計算，依靠的更只能是直感了。

　　當然，直覺也往往有誤，例如揭櫫多元思維探討的加德納（H. Gardner）便曾對一羣剛披上學士袍的哈佛畢業生做實驗，問他們為甚麼地球上夏天熱冬天冷；結果絕大多數都說這是因為地球在夏天距離太陽較近（這當然是錯誤的）。連物理學大師楊振寧先生，也回憶自己當年初接觸力學時，雖從演算也知道，一顆以恆速繞圓軌徑走動的粒子，其加速度總是向着圓心；但有整整半年，自己的直覺對此總仍是格格不入。

　　可喜的是，隨着有效的學習與實踐，愈來愈準確的直感便可源源在心靈深處建成。

數學運算由直覺指揮

　　不少人以為數理學科只憑邏輯推理，文學藝術才會着重直覺，這是天大的誤會。

　　即使在一步一步的邏輯推理過程中，我們也要倚仗直感的指引。舉例說，如果要證明的是歐幾里得幾何（Euclidean geometry）的一道題：從已知的命題 A，要證明命題 E。假設一個正確的證明途徑是："如 A 則 B，如 B 則 C……如 D 則 E，那麼既然命題 A 成立，命題 E 也便成立。"但在一步一步尋找證明的辦法時，我是怎樣想到要依循這條軌徑的呢？我或許知道如 A 則 B，正如我知道如果天要下雨，街道便會浸濕一樣；但是，天下雨也會使行人打傘，也會讓江河泛濫，也會讓稻田得到灌溉；也就是說，命題 A 的成立，除了命題 B 之外，也同時可以推論到 B1、B2……等不同命題。假如我從 A 開始，不懂得沿着 B 推演下去，而是選擇沿 B1、B2 等其他命題，那便不大可能走到命題 C，更不要說 D 和 E 了。何況，踏上了 B1 或 B2 之後，下一步的走法還會有分岔，於是在歧路上便會愈走愈遠，與要走到 E 的途徑更南轅北轍，沒法到達要證明的命題。我們之所以第一步懂得選擇 B，然後在第二步選擇 C，憑的是理知之外的某種直感，隱隱覺得這個走法，似是朝着目的地漸行漸近。

因此，在進行數學運算時，雖然可見的推演步步都是邏輯，但一直在背後指揮着的，仍是直覺 —— 那種在無意識深處隱隱讓我們知其然，但卻不能言明的整體感覺。

許多年前在港大唸數學，恰巧遇上幾位很出色的老師，從他們身上，確實學到最新的數學觀念。但有一個方面，卻使我及其他同學在學習上遭遇到不大不小的迷惑。

現代數學崇尚嚴謹性，在課堂上講授時不免要重點指出一些直覺上不可能預想到的現象 —— 例如，在數學分析裏，有些到處連續卻到處不能微分的函數；在集合論（Set Theory）裏，又可以證明偶數與整數的“數目相等”……這些都是必須提到的，非此不能準確知道數學的微妙含義。問題是，一不小心的話，往往把在邏輯思維以外可能更重要的直覺思維，全盤否定。

記得有一位老師常在班上嘲笑“工程師的證明辦法”。他說，工程師要證明九是質數，便會這樣推論，一是質數，三是質數，五、七、十一、十三都是質數，九既楔在中間，當然也是。當時我在班上也不免一同哈哈大笑；過後心中卻不免嘀咕：作為邏輯推理，那“證明”確是荒誕，但作為對真理探求過程中的一個步驟，既在一堆例子中發現某些規律，先提出一個猜想，再去求證其真偽，似是要找到普遍定律的不二門徑。那時我也未懂得明確分辨，於是在一段日子裏對自己直覺想像的價值多了保留，甚至不大放心去運用它了。

數學家也往往要先猜想到某種結果，才開始花時間去證明它。第一章〈經典三 B 創新個案〉一文提過，龐卡萊（H. Poincare）曾在某個數學問題上久攻不下，便把它暫時擱下，隨礦物學院去考察地質，"就在我剛要踏上巴士梯級的一剎那，那意念突然出現。……我沒有時間去仔細思索，在車上就座後，我仍跟旁邊的人繼續原來的話題。不過，我完全肯定那想法是正確的。一直等回到凱恩之後，只是出自專業的良心，我才抽時間證明了那個結果。"

真正有創造力的人的成就，不只來自意識裏的知識，也不只依靠邏輯推理，或這兩者的某種常規結合 —— 在創造行為中，這些都是必須的，但絕不足夠。19 世紀初的偉大數學家高斯（K. F. Gauss）憶述："前天我終於成功了，但並不是憑着硬幹，而是賴上主的恩寵。就像電光一閃，那啞謎便解決了……對我來說，那條把我以前的所知，連到最後讓我獲得成功的那個意念的線索，當中的來龍去脈，我未能明確辨認。"他又曾講述另一次經驗："有好一段時間我對答案已瞭如指掌，但我仍不知道可以甚麼方法把它推算出來。"

以下還有一個發現了重大結果而自己從未意識到的例子：20 歲英年早逝的數學奇才伽羅瓦（E. Galois），在決鬥前夕匆匆在一封給友人的信上，把自己的許多研究結果寫下，裏面提到一個關於積分"周期"的定理。阿達瑪（J. Hadamard）說："那種'周期'在當時的數學脈境是沒有意義的，要通過某些函數論的原理，才能找到意義。這些原理卻要等到伽羅瓦去世 25 年後才被發現。奇怪的是，這些在伽羅瓦的腦海裏顯然已孕育成形的數學原理，看來只潛藏在他的無意識深處，因為雖然這些結果本身已是重大的發現，他卻從來沒有提起過。"

當然，這些巨擘的直覺能力該已達到完全另一個層次了。自己當年念大學一年級時的數學直覺能力無疑會粗疏、浮淺，錯誤的機會也更多。但這也不成為取消直感的理由，任何階段的認知行為也得靠它，否則就是要算一道小小的幾何習題也會寸步難行。反之，我們必須在學習的過程中逐步充實、深化和調準自己的直感能力，就在直感 —— 邏輯 —— 直感 —— 邏輯的實踐過程中，築構起"左右腦形態"交替運用的矯捷認知機理。

《明報》的記者曾請諾貝爾物理學獎得主朱棣文給芸芸學子一些讀書的訣竅。他在紙上寫下："讀書就是要以直覺學習，讓知識進入你的腦子，也進入你的五臟六腑。"他所說的大概也如學習心理學裏所說的"學習的深進勢" —— 我們從小就懂，後來經過多年的建制教育，習慣了把對自己未有意義的當成有意義般生吞活剝，漸漸已渾忘那種可貴的天賦，不再不斷讓新的信息與自己內心的世界模型碰撞融滲。

直覺感悟的跳躍

　　楊振寧於 1986 年在中國科技大學的一次報告裏，談到了大物理學家費米（E. Fermi）的一段故事：當時是 1932 年，查兑克（J. Chadwick）剛在劍橋發現了原子核中的中子，於是各地的核子物理學家皆爭相設計實驗，研究這詭異的粒子。在羅馬的費米也不甘後人，與同事及學生合作，夜以繼日攻關。

　　他們意外地發現了一個奇妙的現象，當他們嘗試以一些物質的屏障去擋住中子流（neutron flux）時，中子流反而加強。今天我們當然知道原因，那是因為穿過屏障之後，中子的速度減慢了，而慢中子的穿透力是更強的。但當時眾人困惑不已，轉眼已到中午，費米建議吃完午飯之後再繼續探索。

　　飯後，他突然有了一個出奇的建議，他對大家說："不如我們以較輕物質（原子量較低）的屏障再做這實驗試一試吧！"結果出乎意料，屏障後面的中子流更強了。費米於 20 多年後對錢德拉塞卡（S. Chandrasekhar）談及這件事，說自己當時實在沒有甚麼在邏輯上有說服力的理據，指示他該那麼做，有的只是一種朦朧的感覺。楊振寧說這種直覺感悟，是科學發明的一個基本環節，沒有這個環節，不易在科

研上有重大的突破。費米花了整個晚上，才弄懂背後的原因
——就像桌球互撞一樣，中子碰撞到與它質量相差不太遠
的原子核時，失去的動能較多，中子速度既慢，穿透力便愈
強，反應截面當然增大。

費米當年有這直覺上的飛躍，悟到這理知邏輯一時還未
能理解的關鍵，憑的是平日積澱下來的，對物理既深又廣的
體驗：這些雖極豐富但仍是零散無序的資訊，日積月累，都
沉潛到無意識深處，在那裏貯積、翻捲，默默編織成一爿反
映着客觀世界萬千事物的認知築構。這"黑箱"裏的築構雖
比意識層上的朦朧粗略，但卻遠遠更萬縷千絲、無遠弗屆，
而且柔靭活躍得多。新的資訊到來叩訪，如與這深心組構的
某些部分在形態上彷彿吻合，便觸發共振，激發了一大片神
經元。這騷動的幅度足夠大的話，便會驚動顯意識產生直覺
靈感。

在費米來說，只是隱隱地意識到某些意念的可行，在
理知上仍未懂得其所以然；在阿基米德（Archimedes）的
Eureka 例子來說，則可能在意識層上早已有較多有關的思
考，只欠關鍵的紐帶，無意識層的來客一旦翩然而至，便如
暗室放明，一切了然於胸，這就是一般說的"頓悟"。無論
是上述的哪一類現象，都是直覺上的感悟。

楊振寧當時在科技大學說："我特別要講這個故事，是
因為中國的物理學教學往往帶來一種誤導，讓人以為物理學
就只是邏輯。邏輯推理無疑是物理學的一部分，可是只有邏
輯的物理學是不會向前邁進的，我們必須還要懂得跳躍。這

種跳躍當然不是隨隨便便的跳躍，而是要依據許多許多的不斷連結起來的與實際事物發生的聯繫。從這些聯繫出發，一個人才有能力和膽識，做出這種邏輯上還未能推演出來的跳躍。"

楊振寧的**扭計骰**

　　曾經在紐約州立大學石溪分校的理論物理研究所呆了好幾個月，與三位中國科學院的教授同住一個房子，當時研究所所長是楊振寧教授。一天，我們約了他到我們住處晚飯。

　　飯後，楊振寧從口袋裏掏出一顆"扭計骰"。於是幾個智商不低的數理博士便圍攏着，爭先恐後把那玩意扭來扭去，許久還未能達到指定的模樣。一會兒，楊振寧又拿出一張皺巴巴的紙，上面寫了許多 X、Y、Z 之類的符號，原來這是他以數學羣論的技法找尋"扭計骰"解法的筆記。他向我們解釋那些算式的意思之後，我們就按上面的訣竅重整旗鼓，但也要半個小時後，才力攻而下。

楊振寧手持寫有數學方程的紙張，述說他如何以代數羣論解決扭計骰問題（右為作者）。

楊振寧笑着説："這辦法花的時間的確長,我自己也要用 15 分鐘。反之,我的 16 歲小兒子把骰子摭在手中,東翻一下,西扭一轉,完全憑直覺,不消 5 分鐘便解決了。"

要解決具體的問題,數理邏輯雖較可靠,卻往往不是最有效率。阿達瑪(J. Hadamard)在《數學領域的發明心理學》(*The Psychology of Invention in the Mathematical Field*)一書裏,就舉了一個例子:假如我們向空中投擲一顆細小的彈子,讓它繼續運行,潛意識會立刻告訴我們,彈子在空中的軌跡自始至終都會在一個垂直的平面上。顯然,我們潛意識裏的推理,已引用了一種"充分理據原則"——沒有甚麼理由使我們相信,彈子要走到那垂直平面的左邊,而不走到它的右邊。但在物理學裏運用了幾個微積分定理的正式證明,卻是繞完全不同的思路。上述的直覺"推理"也可以嚴謹的數學表達,但過程中要運用一條普遍定理,而這條定理的證明,卻又要在更高深的微積分課程中才找得到。看來,數學上的證明,比我們電光火石般的直覺洞悉要緩慢得多。

另外,如果我們在平面上畫一圈途中不與自己相交的閉曲線,我們憑"常識"便知道,這曲線已把平面分割為內外兩部分。這結論也是對的,但要以數學嚴格證明卻極為艱難;我們的直覺大概是從許多以前的相類經驗,總結出這個結果——就像圍棋高手經歷過無數次對弈,一眼便能辨識棋局的大勢;也像楊振寧的小兒子,因長期把玩扭計骰,片刻便能找到諾貝爾得獎人也難以算出的破解套路。

可惜直感並不是永遠正確的，如果我們在平面上用鉛筆畫一條延續不斷的曲線，常識會告訴我們，在線上的任何一點上（曲線突然拐彎的少數點上可能除外），曲線總得朝某些方向行走。這大概也是經驗累積而來的直覺判斷，但這卻是錯誤的想法 —— 數學家早已舉出在任何點上都沒有切線的連續曲線的例子。

　　直感雖然直接迅速，卻有錯誤的可能；嚴謹數學雖然準確可靠，卻往往迂迴繁複。而且，數學推理的整體策略與微觀步驟，也沒法不靠直感的提示。不過，涉足數學的人，無論是學生還是大師，卻又可不斷在新的嚴謹結果上，建立更高層次的直感。在知識探求的過程中，邏輯推理與直覺思維總是互為表裏，交替作下一步攀援的力點。

直感判斷的誤差

　　大哲學家維根斯坦（L. Wittgenstein）在學術講座裏常提出一個問題：假設地球是圓的，一條繩子繞着它圍了一圈。現在假如把繩子加長兩米，把它的首尾再相接後均勻地撑離地面，繞地球成為一個較大的圓圈。問題是：這個新繩圈究竟離地有多高？那距離可以讓一條頭髮、一枚硬幣、一本平裝書穿過，還是足夠讓整個人爬過？

　　其實只須運用簡單的數學，便可算出新的繩圈離地約32厘米，比一呎還要高一點，整個人可從那距離爬過——因為圓周 L 與半徑 R 的關係是 L=2πR（π是圓周率 3.14）；如果 L 多了兩米，半徑便增長了 $2/2\pi$ 米，即 32 厘米。如此一來，加長了的繩圈再環繞地球時便將離地 32 厘米。但是，多數人總在直覺上認定，繞了整個地球一周那麼長的繩子，一共才加長了兩米，每處都出現的離地高度必定微細得很吧！於是直覺便提供了錯誤的答案。更使人感到詫異的是，新繩子離地的高度竟與地球的大小無關，即使地球如網球般大小，加長了兩米的繩圈仍是離"地"32 厘米，這與直感更大相逕庭了。多數人總會覺得，本來的圓周愈大，增加區區兩米造成的差別當然便愈小……

　　他們大概是給另一些似乎相類的現象弄糊塗了，在那兒

"物體愈大，造成的變化便愈小"的"邏輯"的確是恰當的：假設太平洋是一個大圓桶，把 20 公升的水加進去，水平會上漲多少呢？這次，"不會漲多少"的答案便是對的。反之，如果那桶子不像海洋那麼寬廣，只如洗臉盆一般狹窄，水平便會增高不少。

直感的思維方式，往往是迅速估量了當前的問題，以腦海深處從前積澱下來的某些記憶作出類比，瞬息間作出結論。要是主體缺乏真正合適的體驗，或雖然有之，卻遠不及另一些表面差之毫釐、其實謬以千里的深層記憶強烈鮮明，直覺便會提供錯誤的答案。

但這也不是説，可以棄直感如敝屣，正如以前説過，即使在數學的運算過程裏，每一步該怎樣走，還得依靠直覺的引領。科學家要決定是否要花時日或資源，去進行某些方面的鑽研，對那機會成本是否划得來，往往也只能依照直感的指引。商機的創建、政治的圖謀，甚至教育行動的擘劃，事前或可先以種種理知手段詳加分析，但這些範疇牽涉的因素既繁多複雜，背後的理論更隱晦朦朧，雖不能説理知分析全無幫助，但大致仍只能提供參考，歸根究底還得依靠直覺的判斷。

不過，隨着理知所得漸漸潛進心靈深處，直感是可以逐步改善的。例如筆者在中學時初學電磁力學，雖早已能提筆準確地計算例題，但對如果電子往這邊走，磁場指着另一處，則產生的力場便偏偏要把電子推往第三個方向等現象，直覺上便一直感到方鑿圓枘。……不過，幾個月後，演算的結果與觀察的所得便逐漸內化，乃漸覺天機一片。

第六感覺

　　你到好友家探望他。到達了樓層，電梯門打開了，你如常地沿走廊拐了個彎繞到他的家門口。你伸手正要按門鈴，突然覺得有甚麼不對勁。你仔細端詳，傾耳聆聽，仍分辨不出有甚麼跟以往不同，雖然那不祥之感仍揮之不去，於是你定一定神再趨前按鈴。門打開了，神色凝重的友人招呼你進屋，他告訴你：昨天接到長途電話，他那客居彼邦的摯親突然辭世。

　　你體驗到的大概就是一般所説的"第六感覺"。你曾多次到訪朋友家，一再吸納了關於好友家門口氣氛及環境的許多信息。這些信息雖或零散無序，到了你的心靈深處都已隨時日而積澱，不經不覺組成了綿密的認知構塊 —— 一種以億萬神經元之間的無數聯繫編織成的網絡。這些聯繫如未經激發，便不會被主體所意識。這一天你到朋友家，門前的景象雖與無意識深處意象大體相同，卻在若干關鍵的環節上有了微妙的小差異。這差距觸發了主體心靈深處追求秩序的本能，使有關的神經連繫急劇活動，嘗試作出調整以消除差距。這亢奮驚動了主體的意識層，客觀與主觀的資訊結構既不吻合，主體乃體驗到強烈的不快。但即使在此時，整爿認知構塊仍潛藏於無意識底層，主體仍無法理知辨識，枘鑿之處究竟何在。……這種在生活裏偶或經驗到的"第六感覺"，也是一種直覺感悟；與大物理學家費米（E. Fermi）那天在實驗室裏心血來潮，突然決定要以原子量較低的屏障再做攔擋中子的實驗，並無二致。

相信我們有一種常有的經歷，在晦暗的街頭遠處看到人影一閃，心中一動，似是十多年未見的故人。那人影已兩鬢花白、身形佝僂，與你記憶中的形貌大不相符，但你肯定他是誰，張口呼喊他的名字，那人也同時認得你，向你揚起了手臂打招呼。與在老友家門那次一樣，你的心靈深處已發現了新舊信息之間的差異，不由自主在無意識裏急速調整腦海裏既有的認知構塊，以求重新達到內、外之間的協調；只是今次腦中的記憶模塊確能在瞬刻之間成功調整，從而"認得"故人。歡快之情固然是來自舊友重逢，但也是因人類的認知築構，從局部凌亂的狀態中求得秩序之後，本能慾望得到滿足，產生喜悅。

美國麻省劍橋的創意顧問公司辛納迪克斯（Synectics），稱這種喜悅為歡樂反應（hedonic response）。他們研究發現，這種反應不只發生於突破的一刻——在創新的漫長過程裏，每當主體踏入了較正確的軌徑時，一種莫名的暖煦快感，會湧現於意識的表層。

辛納迪克斯並以此培訓新成員：先把一些攝錄下來的小組互動創新過程，讓新成員觀看，然後讓他們與當時在峰迴路轉的腦力風暴中提出了突破性轉向的組員，分享後者憶述恍似瞥見了曙光的那種暖煦快感。在互動創新的實習裏，新成員也試驗聆聽自己的內心脈動，開始時他們還是患得患失，但多能漸入佳境，把這聆聽非理性自我的能耐內化。

大夢初醒的**感悟時刻**

　　創新的過程是兩組本來互不相關的認知構塊的互撞而契合。人在清醒的時刻，理智佔主導，貌似荒誕的想法不易穩定存在；反而在睡夢中，奇異的組合往往可在無意識的心靈深處形成，於大夢初醒的朦朧時分浮現於創新者的眼前。1920 年洛伊維（O. Loewi）發現神經對軀體活動的調控，原來是經化學的機制傳遞的，是一個很好的例子……

　　在洛伊維之前，一般都認為操控軀體的信息，都是以電流脈動的形態，直接從神經末梢向肌肉或腺體傳送的。但這種想法一直未能解釋，為何同樣的電脈動，對一些器官有激發的作用，對另一些則有抑制的功能。反之，某些藥劑對肌體卻能產生那樣的效果。早於 1903 年，洛伊維便與友人談及，或許那些藥品含有的化學劑也存在於神經末梢處，電流引起化學作用，產生的物質才去刺激肌肉或腺體。但當時洛伊維沒法驗證這個理論假想，且不久便渾然忘卻。15 年後，他為了研究另一個完全無關的問題，設計了一個實驗，讓兩隻青蛙的心臟在鹽水中保持跳動，觀察是否會分泌出某些化學物質。這實驗完成之後，他又完全拋諸腦後。

　　又過了兩年之後，才發生了奇異的歷程。"……那一年（1920 年）復活節的前一個晚上，我從睡夢中醒過來，扭亮了燈，在一張小小的紙條上記下了一些筆記，然後又再悠然入夢。次日早上六時，猛然想起晚上曾寫下了重要的事兒，卻已無法再辨識紙上的字句。次日凌晨三時，那意念又湧現腦際，原來是一個實驗的構想，可以驗證我 17 年前有關化學傳輸神經信息的假想。我當即披衣起牀，鑽進實驗室，就按照那夢中的設想，對青蛙心臟進行了實驗。"

當時他又再隔離了兩顆青蛙心臟，一顆仍連着神經，另一顆則完全剝淨。他以電流刺激第一顆心臟的迷走神經，使心跳轉緩，然後他把泡浸着第一顆心臟的鹽水傾倒在放置第二顆心臟的容器內，泡浸一會後，後者律動的頻率竟也轉緩……他又把實驗重做一遍，但這次用電流刺激的是第一顆心臟的催速神經，液體泡浸第二顆心臟時，後者的跳動加速。……這便證明了，神經並非直接以電流影響心臟，而是從它的末梢分泌出特定的化學物質，心臟功能正是間接經這些物質調控的。

這發現後來為洛伊維贏得了諾貝爾獎。許多年後，他寫到了這發現的經過，認為它說明了我們有時應信賴直感的呼喚，不必存有太多的疑慮。他說自己當年如在白晝清醒時仔細思忖，相信不會去進行那匪夷所思的實驗。

夢境的啟示

在第一章〈經典三 B 創新個案〉的文章提到，化學家凱庫勒（F. von Kekulè）於 1865 年，經長期苦苦尋索苯（benzene）的分子結構之後，一天在火爐前打瞌睡，夢見火蛇飛舞，一條巨大金蛇以口自噬其尾，乃猛然驚醒，悟到苯分子裏六顆碳原子的環形排列，從此奠定了芳香族有機化學的理論基礎。

在此之前的七、八年裏，凱庫勒早已在日記裏記下了多次相類似的幻覺。例如有一天晚上，他在倫敦乘公共汽車回家，經過寂靜的長街，又做過一個白日夢，夢見原子在眼前起舞。"以前我夢到原子，總看不清它們的活動，但這天晚上，卻一再看清兩顆原子怎樣結合為一對、一顆較大的怎麼摟抱住一顆細小的、碩大無朋的另一顆，又怎樣攢住三四顆小的。這許多原子都在盤旋飛舞，令人頭暈目眩。我突然看到它們怎樣連成一條長鏈。"就在那個晚上他拿起紙筆素描了這些夢中所見的形狀，並以之為思考分子結構的模型。

英國詩人柯勒律治（S. T. Coleridge）在閱讀一段有關忽必烈事跡的著作時悠然入夢，睡了三個小時，就在睡夢中完成了著名的長詩《忽必烈汗》（*Kubla Khan*）的大部分，夢中的詩長凡二、三百行，那是另一個夢中創新的經典例子

── 不過科斯勒（A. Koestler）認為那不一定是夢，而是一種睡前幻覺的狀態（hypnogogic state）。

偉大的物理學家波爾（N. Bohr），於 1913 年初在一個很清晰的夢境裏，"看到自己身處於由燃燒氣體構成的太陽，以絲線繫於其上。眾多行星繞着它公轉，就在身畔呼嘯而過。突然，燃燒的氣體驟然冷卻、凝固，太陽及行星竟分崩瓦解。" 就是這個夢，讓波爾悟到他那著名的原子模型。

挪威劇作家易卜生（H. Ibsen）寫成作品《玩偶之家》（*A Doll's House*）之前，苦苦構想了一年多，仍未能下筆。直到有一天，他突然告訴家人，晚上夢中見到女主角娜拉，見到她穿甚麼衣裙、戴甚麼帽子，還聽到她說話的聲音。

英國發明家瓦特（J. Watt）發明了一項工序，革新了氣槍鉛珠的製造工業，他也是從夢中獲得靈感的。他夢見自己在大雨滂沱中走路，但天上落下的不是水點，而是顆顆鉛珠。瓦特由此想到："鉛的熔液在空中墜下時，因表面張力的作用，應固化為完美的小圓球。"

美國發明家艾里亞斯・豪（E. Howe）經過多年努力，仍未能成功設計縫紉機。一天晚上他夢到自己被原始土人所掣，拽到酋長之前，酋長限他 24 小時之內，製造一台確能縫紉的機器，否則立斃於長矛之下。豪爾終未克履王命，惶恐中見長矛徐徐而起，猛然下刺。突然，他竟瞥見長矛的鋒刃前端竟有眼狀孔洞。他渾忘恐懼，從夢中醒了過來，悟到縫紉機的針眼該在尖針的前端。他趕赴實驗室試製，於是發明了縫紉機。

在睡夢中驀然窺見突破關竅的例子，文獻中屢見不鮮。當然，從上面的例子也可看到，沒有長期的刻苦鑽研，不可能做出真正有價值的夢，萬一做了相關的夢也會懵然不悟。

凱庫勒後來在科學會議上報告創新經過時說："讓我們都學懂怎樣做夢吧！"怎樣才可促使奇夢發生，怎樣才能擷取夢中的啟示，是很值得探討的問題。

要多做夢倒不見得有甚麼困難，心理學家早就知道，人們每晚都會做夢，而且一晚還做四至六個那麼多。夢未做完被喚醒，夢境便多數記得清晰；但在正常情況下一覺醒來，夢境便多數消失得無影無蹤。那麼，怎樣才能記得夢的內容呢？

讓自己整晚睡不安寧，本來也是一個辦法，例如在睡前暴食，夢中驚醒的可能性便愈大。但這辦法太損害健康了，較穩妥的是運用"夢境手記"的辦法。

教授麥金（R. McKim）在《視覺思維的體驗》（*Experiences in Visual Thinking*）一書裏，除提到上述幾個夢中突破的故事外，還談到使用夢境手記的訣竅：

1. 在臨睡之前，喃喃對自己重複說："今晚我要做夢，醒來時我會記得夢境。"

2. 早上悠悠醒轉時，先在牀上靜臥片刻，讓思緒徘徊於當時在腦際隱現的事物，暫時別讓日間的煩惱闖進，這樣，你的浮想聯翩較能帶你回到醒前的夢境。

3. 在牀畔置放筆記本，午夜夢迴便記下夢中的所見，夢裏的形象鮮明的話，還可揮筆素描。

麥金指出，書寫了夢境手記一段時日後，便會發現清晰的內容漸多，更會在自己的夢裏發現新的微言大義。一般來說，要揭示這些含義不一定要有釋夢的能耐——凱庫勒立即想到眼前的金蛇便是苯分子，便是因為對這科學難題，許多個月來殫精竭慮。

　　因此，臨睡前先重溫一下在那難題上做過的工夫，應大有好處。不少學生曾經試過，晚上反覆推敲的數學難題，睡前雖仍未得其解，第二天早餐時竟發現已豁然開朗⋯⋯。

第四章

視象思維與
左右腦互動

視象思維對創意的重要性，今天已不庸多贅。視象思考的運用，大致可分作三種模式："觀察與思考"、"想像與思考"及"描畫與思考"。

幼年時已沉迷繪畫。記得中二那一年，教育署的顧理夫（M. Griffith）先生在看到我那三支桅漁船等畫作後，向我建議："想像力都源於觀察、體驗與記憶，下一個階段應注意更深入的觀察。"葉哲豪老師聽到後，便帶我到筲箕灣一位相熟朋友的漁船上去蹲駐了一日一夜，再三琢磨桅杆與龍骨的結構關係，研究後者如何把前者支撐起來：又細看在桅杆四周撐開的起重吊臂，如何連到桅杆底部而可上下揮動等。當然，這期間也不忘提筆素描。這次"觀察與思考"，掀開了少年繪畫旅程裏新的一頁，對個人後來的智能發展還有意想不到的關連 —— 一年之後，學校開始教物理科，便發現自己對滑輪、槓桿、齒輪、力矩、力的相加等力學概念，竟已有了如臂使指的直感。上述的個人經歷，應是"觀察與思考"的一例；與佛林明（A. Fleming）看到窗畔葡萄球菌樣本被污染而輾轉發現盤尼西林、阿基米德（Archimedes）沐浴時看到澡池的水位上升而有 Eureka 突破等經典事例，當然不可同日而語。

又記得少年時期收聽電台廣播的情景，除了沉迷於鍾偉明及李我的《天空小說》外，還常與家人一起聆聽轉播的粵劇。奇怪的是，對這本來的"聽大戲"經歷，到今天仍在腦海中縈繞不去，竟還有不少視象的記憶。今天仍是歷歷在腦海裏的名伶剛柔身段與做手、七彩繽紛的山水樓台佈景、閃爍生輝的頭飾與戲服，甚至舞台上羣戲的動靜張弛分合，都只能是我憑聆曲聽樂，結合了早年看戲的零散記憶，在心靈深處作出的創意想像。這大概就是前面所說的視象思維裏的"想像與思考"吧！誰知道呢，這些體驗，或許對我多年後導演戲劇時的舞台調度等思考，已產生了微妙的影響。"想像與思考"這方面的最經典個例，可能是愛因斯坦的自我描述："在心靈裏作為我思考元素的，是某些可被我隨意複製和組合的符號，和一些或清晰或模糊的意象。"

小時熱愛繪畫，源自住在姨母家裏時她縷縷述說的牀邊故事，每個晚上總在《三國演義》裏的迷人情景裏悠悠入睡。不久在家中找到一本前面有繡像繪圖的《三國演義》，還按照那些畫像依樣葫蘆。過了兩三年，噴射式飛機剛剛面世，窗外常有奇形怪狀的機隊轟隆掠過。小孩子悠然神往，便也提筆描繪起來。接着又從報上讀到噴射引擎的大致原理，再繪畫噴射機時，便不只畫外型，還不知天高地厚，開始"設計"機件內部，記得還邊畫邊想，如何才能讓燒熱了的空氣只向後面噴射，也忘了是否曾想到過甚麼稚拙的活門機掣了……。這大概就是"描畫與思考"行動的一例。

麥金（R. Mckim）曾提醒，視象思考的三種模式，當然不宜不相往來，應爭取它們互相滲透，在思考時三者兼用。

回看筆者小時候的小試步，也偶或符合了這種要求。

自 60 年代斯佩里（R. Sperry）等人，對已割除了連接左右腦那顆胼胝體的病人，進行了一連串的實驗研究之後，左、右腦的分工形態已一清二楚，不久便廣為人知。十多年後更出現了推介如何動員右腦進行創新的《用右腦繪畫》（*Drawing on the Right Side of the Brain*）、《天機一片的寫作》（*Writing the Natural Way*）等著作，皆一紙風行。

到了今天，我們反要注意的是，對右腦也不宜從數十年前對之鄙棄的一端，走到片面崇拜的另一極。正如麥金（R. McKim）所指出，凱庫勒（F. von Keku-le）憑右腦活動夢到火蛇自噬其尾之後，他的下一步便是要到實驗室，去按化學的理論與實驗知識運用以右腦為主的思考，驗證苯分子的環形結構。著名的寫作理論家白蘭特（D. Brande），早於 20 世紀初葉已提過：最值得欽羨的作家，就以那些雖仍未明所以但卻已知道，個人的天賦能力有兩個方面，更懂得如何此時動員這端、彼時啟動那邊，去進行創作。

前文提到，即使要證明一條幾何命題，也必須"左右開弓"，既步步要符合邏輯，但在每一次舉步時，眼前多種同樣符合邏輯的方向，究竟選哪一種，才終於能走到那最終的結論，仍得依靠右腦的直覺判斷。

左右腦的分工恰如左右腿，我們既必須讓兩者皆活躍，才可能向前邁進。不過，如兩者同時啟動，則往往反而彼此箝制，主體即不踉蹌倒地，也寸步難移。

重疊的和尚

心理學家鄧克（K. Duncker）曾提出以下的小難題：

某天早晨，日出時分，和尚起程攀登高山。山徑寬不過一兩呎，繞山蜿蜒而上，通往山頂金碧輝煌的佛寺。和尚沿小徑登山，行速快慢不一，途中多次駐步小休，啖吃隨身攜帶的乾果。太陽剛要下山時，他到達佛寺。齋戒參禪數日後，又動身下山，仍沿來時那條山徑，晨曦出發，仍是緩急不一，中途多次勾留。不過，他下山的速度當然比上山時快了。試證明，山徑上必有一處地點，讓和尚在上山下山的兩個行程裏，都恰恰在相同時分到達。

讀者或許可嘗試解答上面的小難題，然後回想自己的心路歷程。柯斯勒（A. Koestler）曾以此難題挑戰友人，其中有科學家，也有其他人士。有些人想用數學的方法，另一些則試用邏輯去推理 —— 並很早便斷言，和尚在上、下山的兩個旅程中，在同一時分佔領同一地點，是沒有可能的。但其他傾向視象思維的人不久便找到答案，確認有這個時間地點。他們的思考過程，大致如下：

"我多方嘗試，並開始感到厭煩了，但那身披袈裟的僧侶形象始終縈繞腦際，揮之不去。突然，交疊在這影像之上，似乎有另一個略呈透明的形象，是另一個踽踽下山的和尚，我悟到無論這兩位和尚走的速度如何，無論他們在路上曾駐足多少次，仍必會在小徑上的某點於某時相遇。這時我已知答案為何，才開始推理證明它 —— 和尚究竟是在三天或兩天之後下山全不打緊。"

如果你回想自己的思考過程：或許你曾喃喃自語？或許你會繪畫某種簡圖以幫助思考？或許你如上述那人一般，腦子裏有和尚上山的圖景？你甚至可能曾嘗試以代數的方法把問題界定。那就是說，你當時正在選擇思考這問題的"內心載體"（vehicle）。

即使選定了內心載體之後，你還要進行種種"內心操作"（operations）。你或許已斷定一些細節，例如乾果、金碧輝煌的佛寺、齋戒參禪等都與當前的難題無關，於是把它們從意象中剔除；你或許想像從上空俯瞰，把繞着山腰蜿蜒上山的小徑看成一條螺旋紋；你甚至已把彎彎的山徑簡化為一條直線。這些都是內心操作的內容。上面解決問題的操作，是把若干天後和尚下山的意象，交疊到和尚上山的意象上去。

選甚麼載體、要進行怎麼樣的操作，往往是在意識之外決定的，這便牽涉到"思考的層面"（levels）。要善於解決問題，便須學懂能在不同的意識層面穿梭來往。

上述用以解決問題的，正是"視象思維"，而且在過程中還較多運用了在意識與無意識之間來往徘徊的"視覺想像"。

愛因斯坦的視象思維

　　學校教育常忽略視象思維能力的培育，這是非常奇怪的事。"思想" 本來在文字結構上已是 "田在心中" 和 "相在心中"，承認了視象在思考中的核心地位。另外諸如 "遠見"、"先見之明"、"明察秋毫"、"洞若觀火"、"視野"、"見地"、"透視"、"揭示"、"微觀"、"宏觀"、"洞察" 等，都以 "看" 隱喻各種思考的形態。

　　無論大、中、小學，都有一種常不言明的迷信觀念，就是視象思維是較低層次的思維模式，不堪入大雅之堂，要進行較高層次的思考，便非得運用邏輯、符號、文字等伎倆不可。這當然是錯誤的見解，我們只須重讀五十多年前愛因斯坦給數學家阿達瑪（J. Hadamard）的一封信便可知曉：

　　　"用以書寫或講話的文字或語言，似全不在我思考的機理裏扮演任何角色。在心靈裏作為我思考元素的，是某些能被我隨意複製和組合的符號，和一些或清晰或模糊的意象……從心理學來看，這種組構遊戲似是創造性思維不可或缺的部分，在思考活動接觸到語言邏輯或任何其他可傳達給別人的符號之前，便已出現。以上所說的思考元素，在我來說，是屬於視象型的，有部分甚至是筋肌型的。只在第二階段，當上面的聯想遊戲已經充分建立好，還可以任意複製時，才能很費勁地找出適當的一般語言，以表達得到的結果。"

在另一個場合，他又描述了他對時間相對性的頓悟過程。一天早上，他剛起牀的時候，醒悟到"兩個對一位觀察者同時發生的事件，對另一觀察者不一定同時"，那正是他的"狹義相對論"的關鍵概念。但那豁然開朗的一刻前，早已經歷了"整整十年的深刻思考，有關一個從我 16 歲便吸引着我的佯謬：如果我以在真空的光速跟着一束光線跑，我不得不接受那光束是一組停駐的、在空間振動的電磁場。換言之，要是你以光速旅行的時候，你便甚麼光也看不到 —— 粗略來說，你就像一個滑浪人，在他眼中周圍的海浪都在一個靜止的狀態。"但是 —— "直覺上我又不能置疑，對這位隨光波而行的觀察者來說，一切事物仍應遵從與留在地球上家裏的那位觀察人一般無異的物理定律。"換句話說，對那位光速旅行家看不到任何光線，愛因斯坦難以思議。

愛因斯坦創建的理論，思維的層次大概夠高了吧，但他自言思考的"載體"是視象的、筋肌型的，上面的這個例子也的確如此。

許多年前唸大學時，上導修課在黑板上證明通過球面投影，球面與複數平面有一對一的對應，我用了簡單的平面幾何去解釋。教授認為不夠嚴謹，當即乖巧地改用代數的方法。實際上至今仍不服氣，一直覺得本來的方法較有視象思維，也未失嚴謹。

以想像鍛鍊想像

　　很多美國的大學教授都抱怨這一代大學生，完全欠缺想像力。香港的情況看來也沒有二致：面對任何問題，學生都以為只有一種解決的程序、單一的答案，只需老師告訴他們便行了。大約從上世紀末開始，同學對這種欠缺似有了初步的自知。早前我在大學裏開辦"創意思維"課程，每次不到兩天報名已滿 300 人的名額。希望這是顯示同學初步明白愛因斯坦所説"想像比知識更重要"的意思。零散的知識碎片，全憑想像力的牽引黏合，才能組成有機的、貫通的、有用的整體。

　　當然，單是有豐富自由的想像是不足夠的，胡思亂想本身並沒有多大價值，還要學懂駕馭它。心理學家諾爾夫·阿歷山大（R. Alexander）説："人所以偉大，完全視乎他能怎麼駕馭自己的想像。"麥金（R. McKim）在《視覺思維的體驗》（*Experiences in Visual Thinking*）一書裏説道：要鍛鍊及駕馭想像力，可嘗試在想像中讓自己在空間移動，就如溜冰或飛翔，從而變化觀察的角度，就像夢境裏一樣；不過，雖然也讓想像力自由馳騁，卻也間接受着我們的調控。又例如，你可以想像自己靜止不動，讓一件物體相對於你轉動、平移，甚至擴大、縮小。

麥金建議了如下的一個練習：

閉上你的眼睛／想像自己凝立在一個沙漠平原上／四周漆黑一片／在遠處／你隱約聽到結他的悠揚樂韻／你看到那遠處的結他／神奇地懸浮於空中／被一束光照亮／結他緩緩地向你飄浮過來／仍直垂着／繃有琴弦的正面向着你的方向／它愈來愈近／樂聲也漸漸晰／在結他距離你三尺時／讓它停下來／你可以更清楚看到它玲瓏的造型／它豐滿的木質紋理和光澤／仔細品鑑它的質料：珍珠貝／烏檀木／象牙與黃銅／繃緊的鋼弦／⋯⋯／然後，把結他再移向沙漠平原的深處／讓樂聲悠然淡出／光束慢慢黯滅。

另外一些練習，是讓你和你想像的客體合二為一，擷取人物交融的視角：

閉上你的眼睛／想像你是一朵紅色的玫瑰蓓蕾／於矮樹叢中／景色怡人的野外花園裏／要記得你不是在觀賞“那朵”玫瑰花／你就是嬌艷欲滴的蓓蕾／正含苞待放／你可以感到溫暖的陽光投曬在你的花瓣上／及你裏面那清新芳香的濕澤／你每一片花瓣都在生長／溫柔地往外推／細味到那美妙的鬆弛感覺／流過你的玫瑰軀體／你以絕世的風華展開你的花瓣／向着那晨光曦微／輕輕嗅聞那輕柔的香味／感覺你那天鵝絨般的肌理／一顆冰涼的露珠正在你的心蕊裏形成／像水鑽般閃爍着／你是完美的一朵玫瑰／在花叢深處／在野外／在溫暖的陽光中自得其趣。

培養視象思維能力

　　前文提過，化學家凱庫勒（F. von Kekule）在火爐前打盹時，如何夢見金蛇自噬其尾，從而悟到苯分子的環形結構；英國物理學家法拉第（M. Faraday）怎樣能歷歷如繪，見到磁場力線如實物般縷縷交織於空間；在愛因斯坦（A. Einstein）的創意思考機理裏，語言與邏輯又怎樣不去扮演任何角色，而佔主導地位的反是某些視象性的與筋肌型的符號……。但這種視象的思考形態，是怎樣孕育而成的呢？

　　少年愛因斯坦在某所中學唸書時，覺得課程枯燥，所得甚少，後來到瑞士的阿勞市中學，才如魚得水。創辦這所中學的教育學家約翰·裴斯達洛齊（J.H. Pestalozzi），認為視象理解比甚麼學習形態都重要，在 1801 年的一本經典教育小説裏，他論述了語文與數字必須建立在視象的基礎之上。愛因斯坦就是在這所學校裏，才真正品嚐到他後來賴以成功的"思考實驗" —— 那就是在心靈裏親歷其境般體驗到某些物理體系的狀態，調弄它這個或那個組成部分，並想像它們的變化。

　　另一些創造力充盈的人卻是從小受到了家庭的薰陶，養成視象思維的習慣。天體物理學家蓋勒（M. Geller）的母親培養了她對藝術的愛好；父親則循循善誘，引導她多去想像三維的形體。諾貝爾化學獎得主米切爾（P. Mitchell）說自己的視象思考能力，來自幼年時在哥哥的工作室長期盤桓："在那些年月裏，我天天沉迷在那兒製造甚麼小機器之類的事物，就這樣鍛煉了對大小、形狀、距離的感覺。後來在化學研究工作裏，我運用的便是這種能力……在那裏你要思考的，不外是原子在空間的相互關係。"

不過，即使在孩提時代有所匱乏，長大後仍可鍛煉視象思維。例如阿拉巴馬州奧本大學便讓工學院學生在學期初接受一次視象思維能力的測試，發現他們的思維形態可分成兩類：幾何／視象型與代數／分析型。接着便規定全體學生都參加一個三維繪圖及透視技術的高強度訓練課程。到了學期終，又再進行視象思維的測試，結果本來是代數型的學生，得分竟與原來便是幾何型的差不多一樣高。

生理學家魯特·伯恩斯坦（R. Bernstein）認為，無論小孩或成人都可循下列方向，培養自己的視象思維能力：

1. 確認自己在思考時對視覺、聽覺等意象的運用：例如你是否會以"心眼"去搜索你丟失的鑰匙？聽故事時你是否會在腦子裏"放電影"？

2. 順着你既有的愛好，多運用形象思維：例如不妨多重溫你夢寐不忘的電影片段，甚至隨意之所至改編劇情。在背誦喜愛的詩歌或文章時，有意識地在腦海裏浮現有關的圖景。

3. 學一門藝術，但不要止於欣賞，還要參與實踐與創作，這樣一來，你自然便會多思考空間、形體、色彩與線條，及它們之間的關係。

4. 練習使用你的"心眼"：讓朋友向你口述數學與科學的難題，閱讀劇本時嘗試去"聆聽"台詞、"看到"舞台上的調度……

在認知心理學裏，有不少用以測試或培訓視象思考的練習，都要求主體在心靈裏建構三維的意象。例如：

1. 甚麼三維物體從左邊與前面看時輪廓都是圓的，但從上面看則是方形？

2. 甚麼三維物體的輪廓，從上面看是圓形，從左邊看三角形，從前面看則是方形？

我在課堂上則多用另一種方式把問題 2 提出：想像木板上有圓形、方形、三角形三個洞，試設計一枚每個洞都可以穿過的木塞，它在穿過任何一個洞的途中，都能把那個洞堵得密不透風。

多元思考形態

　　英國物理學家法拉第（M. Faraday）常與麥克斯韋（J. C. Maxwell）一起，被稱許為19世紀物理學的擎天雙柱。愛因斯坦（A. Einstein）還因他們在電磁力學的開天闢地工作，認為他們的成就可與牛頓（I. Newton）和伽利略（G. Galilei）比肩。

　　法拉第的思維形態完全是視象性的。他把磁石或電流周際的力場，都想像為實質的空間曲線，並命為"力線"。對他來說，這些曲線就像繩子或鋼絲一般真實，而宇宙的空間就是它們左穿右插編織而成的，"光的振動"或能量的輻射都得靠這許多細長的管子傳遞。這些"如實物般在他面前顯現"的視覺，孕育了極豐實的科學成果 —— 它讓法拉第建立了發電機及電動機的原理、摒棄空間"以太"的概念及奠定了"光"不外是電磁場輻射的想法。奇怪的是，法拉第的數學根底極為薄弱，也似乎欠缺一般的數學天分，他除了最基本的算術知識外，便沒有甚麼演算的技能。

　　這簡直匪夷所思了，自牛頓以來，數學便一直是物理不可或缺的工具。德國科學家赫爾姆霍茨（H. von Helmholtz）在1881年的法拉第紀念講座便說："最讓人吃驚的，是看到幾許必須以強力數學方法才可推演的重大物理定律，卻是由他只憑着神奇的直感首先發現，過程中從未運用過半條數學方程式。"

法拉第也遠遠不是唯一使用視象思維的科學家。凱庫勒（F. von Kekule）在火爐前打瞌睡夢到金蛇自噬其尾，從而發現苯的分子結構；愛因斯坦在他著名的一封信裏，縷述自己的思考元素，是視象的形態與筋肌的動感，都是其中的例子。柯斯勒（A. Koestler）說凱庫勒的金蛇，讓他想到英國畫家布萊克（W. Blake）的油畫，而法拉第宇宙裏的綿密力線，則讓他想到梵谷（Van Gogh）天空裏的滾滾漩渦。

視象思維固然是重要的思維形態，卻仍常常為片面強調3R（讀、寫與算術能力，reading, writing, arithmetic）的當代教育所忽視。數學家帕培特（S. Papert）在《孩子們的機器：電腦時代對學校的再認識》（*The Children's Machine: Rethinking Schools in the Age of Computers*）一書裏，便提到自己到某小學蹲駐支援以樂高積木推動孩子創意學習的過程中，在這家小學的"資源室"裏發生的一件事。三年級的小法蘭克被認為有學習障礙，每天都在資源室待一段時間。一位助理教師讓他做一些紙上的算題，法蘭克心煩極了。但在別些場合，帕培特便曾看到他舉重若輕，能算出要多少塊、甚麼形狀的樂高積木，才可砌成一個頗複雜的立體構件。其實要他應付這種偏離他個人實際體驗的運算，他仍是有辦法的，例如運用手指。但教師早已說明不允許這樣做，他痛苦極了，指頭蠢蠢欲動，又不敢動。帕培特是"教學顧問"，不宜直接干預教師的運作，心想要讓小孩過渡到較抽象的思維，也不能操之過急，更不應迫他死啃硬背，於是便靈機一觸對小孩説："你想過你的牙齒嗎？"從小孩閃動的大眼睛看得出他心領神會，看教師的神情則知道她仍感到莫名其妙。小孩很快便在掩藏的微笑裏做完算題，在半顛覆性的詭計中自得其樂。

但話得説回來：法拉第的獨秀一端，已有大成，畢竟是奇蹟中的奇蹟，既不是那種怪異天才便不應只懂效顰。無論視象的、語言的、數學的思考載體都有它獨特的角色，在不同的思考題型或階段裏各擅勝場，應該追求的是多元的思考形態，和在它們之間靈動跳躍的能力。

在肯定視象等較"感性"的思維形態的價值之餘，也應該了解到它也有局限。因此，我常讓學生試解一個經典的例題："假設你把一張紙摺成一半，又再摺成一半，如此摺50 次結果有多厚？"在座不乏有數學根底的學生，但我要求他們暫不動筆去算，只憑直覺去估計。於是，有雙手一比説大概有一呎厚薄的，也有認為應可以疊到天花板的高度⋯⋯。記憶中還沒有誰曾想像到大致正確的答案 ── 摺疊起來的厚度竟大約是從地球到太陽的距離！同學們往往要真的用簡單數學一算，才肯相信此答案。

左右腦分工

　　早於 19 世紀中葉，人們已知道左腦、右腦有所分工：左腦主要是處理語言及與語言相類的心智活動，右腦則較多主管圖像、空間等具象思維。當時，這些知識多從觀察腦部受傷的病人獲得。左邊或右邊頭顱受傷的病人，智能上損害的類型有顯著的分別。

　　到了上世紀 60 年代，這方面的研究出現了突破。當時對較嚴重的羊癇症病患者，腦外科醫生開始採用"分腦"手術，把連接左、右兩半腦袋的胼胝體（corpus callosum）神經束完全割斷。如此一來，便有了可讓認知心理學家把左、右兩腦分隔研究的對象。加州理工學院的科學家斯佩里（R. Sperry）及他的幾位傑出學生，便由此幹出了劃時代的成果。

　　他們做的其中一個實驗讓受試者對着螢幕，目光直視幕上正中的一點，然後在螢幕的左右兩半閃出不同的圖像。人類兩個眼球裏視網膜的左側都連往左腦，右側則連往右腦；只要受試者直視中間的那點，螢幕右邊的影像便會輸進左腦，螢幕左邊的則進入右腦。

　　當時，螢幕左邊閃現了一隻勺子，右邊則閃現了一把餐刀。研究員問受試者看到了甚麼，後者毫不猶豫便説："一把餐刀！"其實，他的左腦雖的確看到了餐刀，但右腦也同時看到了勺子；只因左腦掌管語言，受試者便只按它的指示說"刀"。接着，研究員叫受試者把左手伸進螢幕底下的一個隱閉抽屜裏，裏面有餐刀、勺子、叉子、鉛筆等雜物，叫他憑觸覺找出剛才在螢幕上的所見；受試者的左手毫不費勁便找到了右腦曾看到過的勺子。研究員便繼續問他："你在抽屜裏拿着的是甚麼呢？"受試人遲疑了片刻，然後說："刀子！"其實，他的右腦明明知道左手拿着勺子，卻不能指揮言語，而左腦則只憑早前在螢幕上的所見，推斷左手拿着的是刀子，並因掌管言語而壟斷了發言。右腦知道答案不對，便讓受試者拼命搖頭。左腦乃大聲問道："幹嘛我總在搖頭？！"

上述以及其他的許多實驗，都顯示了左、右兩個半腦的分工：前者較多主理語言、分析、符號、時序、數字、邏輯等思考模式，後者則掌管綜合、具象、比喻、平行、直感、全息（holistic）等思維形態。另外，兩類心智活動之間，似起着互相抑制的作用：一方活躍起來，另一方便只能沉寂下去。如果勉強要動員那沉寂的一方，它即使確能動起來，也顯得笨拙遲鈍。

可是，要靈活有效地思考，上述左、右腦認知模式皆不可偏廢。兩者既不可能同時活躍，人們在思考、記憶、學習等行動裏，便必須讓思緒在腦子的兩半往來穿梭。有一種常見的誤解，以為創意只憑藉右腦，事實上絕非如此 —— 無論要解決的是前文〈重疊的和尚〉的突破性難題，還是歐幾里德幾何（Euclidean geometry）的推理練習，皆要求心智火花於左、右兩腦之間來回飛躍。

用右腦繪畫

　　撰寫《用右腦繪畫》（*Drawing on the Right Side of the Brain*）的美國著名美術教師愛德華（B. Edwards）有一個讓學生學習素描的辦法："請你凝視屋子裏的一件傢具，要挑一件有虛位間隔的，例如板凳、搖椅、學校的書桌、有扶手及靠背上有間格的椅子等；想像倏忽間那椅子褪隱消失，餘下的那些虛位反像成了實質。請你只聚焦於那些虛空，把形象存於心際，然後就視之為實體去描繪它。"用這個方法，就是平日不擅美術的學生也能畫得頭頭是道；持之以恆，更可有明顯的進步。

　　愛德華說："很有可能是，你的左腦審視那'負的空間'一會後，發現信息的性質不適合由它處理，乃把責任推讓給右腦。"

　　愛德華從小就具備繪畫才能，她仍然記得小時候常對自己說：我想繪畫某件物體的話，只要做"那事兒"。她從未能界定甚麼是"那事兒"，只知道需要凝視對象一段時間，"那事兒"就颼地突然發生，自己便能以同輩兒童中罕見的技巧進行素描。

　　多年後她教授繪畫，便嘗試把自己的體驗與學生分享，卻沒多少人能夠領悟。在課堂上她常做一些素描的示範，邊繪畫邊講解，卻發現自己常常在講到半句話時便不由自主地停了下來，要竭力重續話題，卻是非常費勁。即使勉強能回到原來的思路，卻又發覺與素描活動疏隔了。她於是知道，自己懂得說話，也懂得繪畫，但要兩者同時進行則舉步維艱。

有一天，在人像素描課裏學生特別浮躁，沮喪中她拿出一些名作的複製品，讓學生上下倒置臨摹，結果素描竟異常準確。那是難以理解的，畢竟倒轉了的還是那些線條啊。幾天後，她又讓學生在寫生時集中觀察與勾勒實物以外的空間，結果作品又是超出了平時水平，她更茫然了。

後來她偶然涉獵到關於左右腦分工的文章，尤其是有關五、六十年代加州理工學院斯佩里（R. Sperry）等人的研究工作。他們斷定人類腦袋的左右兩半，都會進行高層次的認知活動，但兩者的操作形態卻大異其趣。愛德華靈機一觸，悟到人類的繪畫本領，不外是處理視覺信息的另類能力──他要能從一種語言的、分析的、順序的認知形態（左腦思維），轉移到一種空間的、全息的、宏觀的、直覺的另一種認知形態（右腦思維）。

以這種理解為起點，愛德華發展了整套繪畫練習，讓學習者可學到怎樣才能順暢地轉移到右腦型的感知模式，結果極有成效。她也相信，同樣的方法，經修改調整後可運用到其他藝術門類，甚至企業管理及科學研究等領域，促進創新能力。

倒置素描的神奇力量

　　有一天在創意思維課程裏講及 "感知"（perception），並嘗試以狄・邦諾（E. de Bono）的認知機理模型說明。他認為心靈原來似原始的大地，本無特別的形貌，喻指信息的雨水下降，積存在大地之上，充盈之後便覓路奔流，從而刻鏤或溝壑江河。新的信息雨水再降臨時，便必須沿着這些河谷走動——這流向便是資訊組織的方式。

　　這種機制當然有它的優點，但缺憾也不少。它能迅速辨認事物，順利地完成常規工作的心靈機制，不過，卻恰恰造成在認知行為的其他方面的疲弱。以狄・邦諾的模型來說，每條 "河流" 的集水區域多是太遼闊了，各異的信息進入腦袋後，都編碼為同一品類，從此 "一片白雲浮洞口，萬千飛鳥盡迷途"，人亦因此不善於以細緻、嶄新、獨特的眼光去感知客觀世界。

　　當時在課堂上，我按照愛德華（B. Edwards）在《用右腦繪畫》（*Drawing on the Right Side of the Brain*）裏的建議，把預早影印好的畢加索（P. Picasso）寫的史特拉汶斯基（I. Stravinsky）素描畫像，分發給學生，叫他們把畫幅上下倒置，放在自己面前。心緒靜下來後，默默諦視縱橫交錯的線條的走勢、形態、角度與它們框畫出來的空間。一兩分鐘後我讓他們開始按圖臨摹，從倒置的畫的頂端起筆，從這條線畫到那一條，讓它們組合成形，就像拼七巧板一樣。我提醒他們，不需理會筆下是人體的甚麼部分，即使有時那些名稱偏要闖進腦海，也要淡然不理會，繼續對自己說："這條線彎向這邊，這條又這般搭過去，勾勒出如此形狀的空位……"我讓學生專心致志於自己眼前的視象，一切信息就在那裏，就這樣簡單，不需弄得複雜迂迴。同學默默描繪，從最初的疑惑到沉迷其中，忘掉了時間的飛逝。

大家陸陸續續完成後，我叫他們把兩幅畫還原正放，第一次看到這"倒描"的結果，學生大都驚異於自己竟能畫得那麼逼真、從容、悅目。我抽樣問了幾人，都説沒有美術基礎。他們一直以來認為自己沒有繪畫天分，實際上是擺脱不了"左腦型思維"賦予事事物物的標籤；一看到一張面孔，內心便絮絮不休："這是眼睛，這是鼻子，這是嘴巴……"而腦子裏早便存藏了四肢五官的類型化符號，還急不及待要讓它們呈現於畫紙上，更無餘暇真正感知這擺在眼前的資訊。把畢加索的素描倒置後，信息變得陌生，再不易滑入腦子處理資訊的龐大"集水區域"，左腦無從妄下判斷，右腦才得從容地以原創的進勢，作全面細微的觀察和感知。

下課時有學生拿着畫幅指着給我看："就在畫到這裏時，腦子裏禁不住認定它是'眼睛'，結果你看，完全只是眼睛的符號。"

我們凝視右圖一會，
便會發現自己對視象的演
譯，從"中央一個獎杯"，
倏忽間改變為"兩個人臉側
影"；再凝眸一會後，又會
歸復到原貌……，如此反
覆來往。……同樣凝視其
他兩個圖，也會出現類似
的現象。

這正說明了，正如 de
Bono 等人所言，主體在面
對紛紜資訊時，心靈深處
總不由自主，將之納入某
條既有的"河道"，推演為
或這或那的感知結論。

上面的三個圖經特別
設計，主體對它們的感知
行動只要在起步時差之毫
釐，深心的流程便會滑進
另一條迴異的"河道"，最
後的感知所得便會謬之千
里。

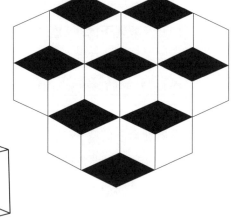

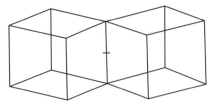

五感寫作創意

　　北京的中央戲劇學院（簡稱中戲）位於交道口，距離中國美術館約是北京人所説的兩站路。有一天與兩個戲文系的學生早飯後，一起跑到美術館附近買了 30 支 4B 炭芯筆、一大疊整幅畫紙，若干把削筆刀。我把這些工具帶到班上，對全體學生説："你們都已開始了大型的寫作，甚至已寫了一些片段。作品裏主要的人物和重要的場景，大概已經常在你們的腦海中隱現吧！現在請你們輕鬆地坐好，閉上眼睛，讓作品裏的一個重要場面，浮現腦際……仔細端詳那周遭的環境，和那裏的每一個人。不只要看，也要聆聽、嗅聞、觸摸，可能的話還要嚐嚐味道。"

　　"比如鸝鑒，你寫的是聚居於北京地下室旅館、投考藝術院校的考生。那地方光線暗淡嗎？空氣潮濕嗎？夜裏有耗子出沒嗎？那從街上轉到地下的樓梯在哪裏呢？樓梯底下的角落經常有人聚集嗎？你寫的 '夜裏呼嚕聲就像豬棚，住滿了外省個體戶的房間，是否在另一邊通道的深處？壁上髹的漆是甚麼顏色的呢，有剝落嗎？……又比如你，小閻，你寫的……。當你覺得腦海中的圖景已經很清晰時，請你把它在畫紙上畫下來。不要求美觀，也不需按甚麼規範，只用你自己的方式，把它記錄下來。"

事件永遠不會在真空裏孤立發生，人物與情節的發展總是眾多力量的結果。現實的環境，影響着人物的行為 —— 例如在鸝鸄的故事裏，梯際的那座電話便決定了許多事情要在那兒發生。現實的氛圍也很大程度上塑造了那些人的情緒、性格和處事的方式 —— 例如地下室要是黑暗、潮濕，便不免在考生心靈烙上或正或負的印記。這些環境與氛圍，不必都在完成的文稿裏抒諸筆墨；但在作者的腦海中愈具體愈豐實，寫出來的作品愈能在讀者心中喚起富於姿采的異質同構的聯想。

無論對作者或受眾，語言以外的種種感官信息，往往更能觸發潛藏於無意識的深刻的記憶。心理學家榮格（C. Jung）提及過一個較極端的例子：一位教授與學生在鄉間散步，一邊討論學術問題。突然，種種兒時回憶在他的腦海中汨汨而至，不可竭止……終於打斷了他的討論。百思不解之下，與學生重踏原路，細意訪查，才知道剛才經過農莊時，那裏養鵝的氣味，與他童年生活的也是養鵝的農莊極為相似，乃觸發了大量兒時的舊記憶。奇怪的是，這些記憶他早已忘懷。

因此，在中戲的那次課堂活動，讓學生去默想、去繪畫場景，原有更深刻的目的，那就是避免純粹語言模式的"左腦思維"的專斷，設法啟動視象、嗅覺、觸覺型的想像、觀察及記憶的形態，激發無意識在創新行動中的巨大潛力。

數王與舞王拼發火花

美國教育家帕培特（S. Papert）在《孩子們的機器：電腦時代對學校的再認識》（*The Children's Machine: Rethinking Schools in the Age of Computers*）一書裏，寫了紐約市某公立小學的兩位學生亨利與拜仁的故事。

當時班裏的老師讓各人在電腦上設計程式，製作動畫。亨利是班裏的"數王"，要設計種種程式讓螢幕上的形體騰挪進退，實在難不到他，沒多久他已創作了自行命名為"煙花"、"星球大戰"、"大爆炸"等動畫片段。老師與同學都認為挺不錯，但他總覺得那些動畫仍欠缺了某種"優雅"、"節奏"與"激情"的特質。百思無計中，他在走廊碰到一位多年來只交談過幾句的同學——"舞王"拜仁。拜仁正在跳霹靂舞，姿態矯勁飄逸，正是他求而未得的感覺，於是便邀請他一起製作動畫。便是這樣，開始了長期的合作，不獨創作出動人的成果，還萌發了難得的友誼。

拜仁從來就認定數學枯燥無比，且感到一竅不通。對說故事他卻真有一套，簡簡單單的情節也可以講得有聲有色，就像他的舞蹈一樣；但一提起筆要把故事寫下來，他便文思枯竭，勉強擠出幾句也是乾癟乏味的。在攜手製作動畫的過程中，他的確經歷了艱辛，也花了不少勁，但卻結合了自己的興趣在歡愉中學懂不少數學知識。這些數學連"數王"亨利在此之前也未必全懂：例如怎樣把形體的速度看成變量，並寫出方程式去調動它的疾徐變化，怎樣以大小不同的夾角去代表物體奔馳的方向，怎樣以笛卡兒坐標（Cartesian co-ordinates）去描述圖形的大小、形狀等幾何性質……總之，他竟終於進入了數學的神秘禁區。同時，他們要寫的電腦程式就是一種文本，它就在那兒讓他們再三檢驗、細意編輯。在這意義上它就是寫作。於是，通過參與動畫製作，拜仁把自己在舞蹈、音樂與説故事的流暢掌握，也伸延到書寫的領域裏去。

"數王"亨利則不獨發展了更多的數學技能，還開始以截然不同的方式去體驗數學。數學變成了真正有意義的玩意兒，成為追尋個人深邃目標的力量源泉。就像諾貝爾物理學獎得主朱棣文曾對學生説的"讀書不只要讓知識進入腦子，也要進入你的五臟六腑"。亨利第一次能整個人浸淫於內，以全部直感與理知，去思考、學習與運用數學與科技。

帕培特曾以學懂滑雪比喻亨利攀登的新境界：初時教練絮絮指導你進行一系列的動作 —— 移動重心、彎曲雙腿……。你依照指示一一去幹，但總覺得那不是你自己。突然有一天，你就像飛鳥般滑下山坡，你的膝腿在伸展，在彎曲，你的重心向左向右挪動着，你不用着意幹這幹那，一切動作天機一片。

對拜仁來説，他以前從未接觸的動畫製作"藝術"領域，他扮演了黏合劑的角色，把他的舞蹈、説故事等"熱區域",黏連到數學、書寫的"冷區域"上去,使後者也開始生機蓬勃——這是學校裏藝術教育的第一層意義。對"數王"亨利來説,在動畫協作過程裏,與拜仁的藝術基因一經嫁接,便萌發了他看待數學的另類目光——這便是學校裏藝術教育的另一層意義。

其實,從這個故事也可看到,"右腦"與"左腦"這兩種性質迥異的思維形態,如何可在個人學習的過程裏,往來互動,促進整體的發展。

感知與推理的**互動**

　　藝術心理學家阿恩海姆（R. Arnheim）對於自哲學家笛卡兒（R. Descartes）、萊布尼茨（G. W. Leibniz）以來某些有關思考機理的說法，不以為然。他指出人們總把感知（perception）與推理（deduction）兩種機理，視為絕對不會交叉滲透的兩個階段——認為感知的任務只限於收集原始材料，一旦材料收集完畢，思維就開始在另一個更高的層次活動，對材料加工處理。

　　阿恩海姆認為這種想法，不只是純學術的謬誤，還在教育領域裏產生着壞影響，包括令大眾對藝術的忽視進一步惡化。他曾引用了一個智力小難題，以作說明：

　　想像一個髹上了紅色的大立方體。它像所有立方體一樣，被六塊方型的平面包圍着。這些平面可分成互相平行的三對，我們暫且把這些平面的位置稱為上、下、前、後、左、右。現在，想像一把鋒利的刀子，沿平行線於前、後兩個平面的方向，在距離兩者三分一與三分二兩處，分別切割一刀，割出三片方塊"麵包"來。然後又沿平行線於左、右兩個平面的方向，再如上述剖兩刀，於是便得出九條"薯條"。接着又沿平行線於上、下兩平面的方向，如前再割兩刀。結果，便有了27枚"方糖"形狀的小立方體。問題是：

在這 27 個小立方中，分別有多少個三面塗有紅色、兩面塗有紅色，一面塗有紅色及完全沒有塗上紅色？

阿恩海姆說："要是人們把腦海中的大立方視覺意象，看成圍繞着中心點的某種對稱結構，那想像中的物體便突然呈現了某種'美'"。

以這嶄新的視野，立刻便"看"到，那 27 枚小立方的中間一塊，被其他立方體團團包圍，與外邊完全隔離，不可能塗有紅色。同時我們也看到，所有其他小立方都在大立方的表層上，都應有某些面塗上紅色。接着，我們審視了大立方體的六個面的其中之一，看到上面有九個小立方，居中的一個被其他八個圍繞着，因此便只能有一面接觸外邊而塗有紅色。我們再在腦子裏仔細端詳大立方體，看到它有六個面，因此便有六個上述的小立方。然後我們又把注意力放到大立方體的 12 條邊上，發現每條都由三個並列的小立方組成，中間一個同時屬於大立方的兩個面。於是，這小立方便有兩個面塗了紅色。現在，剩下的便只是大立方體的八個角，每個角上的小立方體都有三個面暴露於外，當然它們都塗了紅色。此時問題已經解決：共有一個小立方沒有塗紅、6 個一面塗紅、12 個兩面塗紅及 8 個三面塗紅。把數目加起來核算一下，確實是 27 個。

因此，感知意象在整個思考過程都起着作用，並不存在先感知後推理的斷然分割。……以此為前提，阿恩海姆還進一步論證，在教育實踐裏絕不宜忽視藝術的創作與賞析。

連接知識領域的**橋樑**

　　偶或與友人談到中、小學美術教育的問題，不禁勾起了一些有關的記憶：

　　記得小時候每晚臨睡前聽姨母講三國故事，每每在單騎救主、草船借箭等深心圖景中悠悠入夢。後來在家裏偶然翻到一本厚厚的精裝本《三國演義》，雖有許多生字澀詞完全未懂，但仍沉迷閱讀，更找來紙筆臨摹書裏諸葛亮、趙子龍、張飛等英雄人物的繡像繪圖，後來還開始進行了稍具創意的塗鴉。然後，傍晚與大人在海傍蹓躂時，見到有畫家將眼前景物描繪到紙上去，又摸索到寫生這玩意兒，雖極稚拙卻自得其樂……過了幾年，天空裏不時有噴射式飛機轟隆掠過，又在報刊上讀到噴氣引擎原理的粗淺介紹，於是開始描畫飛機的外貌之餘，還不知天高地厚，要去揣摩引擎的結構……記得當時還竭思推敲，如何才可讓燒熱了的空氣只往後噴射。

　　當初對塗鴉的涉獵，來自某些閱讀活動的自然發展，而從"繪畫"這領域又天機一片產生了對另一個可稱作"科學"的認知範疇的憧憬。這正是帕培特（S. Papert）在《孩子們的機器：電腦時代對學校的再認識》（*The Children's Machine: Rethinking Schools in the Age of Computers*）裏所說的天然學習過程：從"熱領域"到"冷領域"層層傳遞，無遠弗屆。這種機理不獨可讓主體接觸到新的知識，保證經歷過的所有環節對他們皆深具意義，而且視覺藝術這中介單元，還給他們提供了一種另類的觀察與思考方式。

但在百年來的教育體制裏，各種學科流於條塊分割，上述那種環環相扣的學習形態容易丟失。就在自己來說，求學的歲月裏在這問題上也不知反覆琢磨了多少次。例如在唸中二那年仍沉迷繪畫，老師葉哲豪帶我到教育署去拜訪從英國來港的美術教育顧問顧理夫（M. Griffith），還把我當時的十多幅習作帶去請他點撥。顧理夫先生鼓勵並肯定了我當時畫作的一些優點後，還一語道破了主要的缺點，那就是對繪畫的對象，例如當年在海港裏星羅棋布的三支桅漁船，特別是對龍骨、桅杆、船身、吊臂、纜索等部件及它們之間渾然天成的相互關係，仍缺乏深入精確的了解。對此提點感到心悅誠服之餘，乃在葉老師的穿線與引領下，再到筲箕灣漁港的船隻上去，先後盤桓了多天，觀察、揣摩、素描，不獨在畫藝上有了進境，還從船上吊臂、纜索、絞盤等部件的運作，找到了對槓桿原理的一點樸素直感，對一年後學習物理大有好處。另外，還初步感受到水上人家那充滿民俗意味的艱苦生涯。⋯⋯這小小的經歷，正是當年這小孩，在失落了天然學習形態之後，重新體驗到知識領域間千絲萬縷的聯繫。

相信藝術教育的真義，也與此有關，重要的不是在無邊無際的人類知性活動的沼澤裏，多築構一片孤立尖削的學科高地，而是讓學習主體培養一種觀察與思考的重要方式，搭建聯繫到新知識領域的通達橋樑，目的是青年學子的全人發展。

與其他學科一樣，藝術教育的終極目的不是“術”，而是“道”。這不只是因為我們不能期望學生都成為藝術專才，而是即使培養藝術專才，還是要從“全人”入手，以“全人”為歸結。

第五章

實踐創意
思考技法

引言

　　培訓創意的著述不少，涉及的技法包括橫向思維、發散思維、腦力風暴、辛納迪克斯（Synectics）的化熟悉為陌生、心靈地圖等，書中的種種練習多盎然有趣，也確能讓讀者意識到自己在思考習慣上的嚴重局限。

　　但不少學者，例如提出多元智能的加德納（H. Gardner），或博學深思的物理學巨擘蓋曼（M. Gell-Mann），雖也肯定狄·邦諾（E. de Bono）等人推動元思考（meta-thinking）的貢獻，卻對他們提出的技法，究竟是否真可有效地轉移到在社羣、資源、文化等方面皆複雜多元的現實領域上去，都表示了重重的疑慮。筆者也認為，我們在進行創意思考上各種技巧的學習或培訓時，的確必須再闢蹊徑，設法減少上述的不足。

　　在創意思考的課程裏，既要講授創意行動的機理、策略與技法，也要探討個人在工作、學習和生活裏該採取甚麼態度、培養甚麼習慣，才有助培養創新的能力。另外，當然也得呼應上述的理論設置若干練習，以強化有關的心腦肌理。問題是，現有的這些練習多有一些共同的局限，例如要解決的問題都已在題目裏清楚界定，解決困難所需的資料也已詳細列明⋯⋯如此一來，便與人們在現實裏可能遇到的挑戰有天壤之別；在真實世界裏，有時甚至問題在哪兒也不清楚，要運用甚麼資料往往也是一種思考上的挑戰，資料的可信度也時或成疑，更需面對不少人際、機構、習俗、資源等根蔓錯綜的疑慮。

因此，在這些課程裏宜設計一些具備現實複雜性的解難活動。但如此一來，便不可能把一切有關的資料都一一列明，也不可能要求學員事前進行大量的背景調研工作，只能希望可能涉及的資訊，學員都可以在個人的專業、歷練或記憶裏找得到。但如課程學員的背景各有不同，這種設計便不容易了。"創意寫作"是一種當然的選擇，因為每個人都有刻骨難忘的記憶、想像與觀察，讓他們運用剛學到的"心靈地圖"等創意技法對之進行書寫，確是有效的練習。但在此之外，總還希望能超越這"文學"的範疇。

試舉一例，在筆者年前曾主持的一個公開的"創意思考"課程裏，學員有二百多人，年齡分佈較大，更來自許多不同的行業。當時便搜索枯腸構想了一個工作坊，讓學員們用"書寫風暴"（brainwriting）等技法給大學或高中的學生設計一些社會考察習作，而基於上述的考慮，考察的範圍便指定是設計者自己熟悉的地區。於是，便在前一節課先讓他們分別寫下自己在哪裏工作、居住或長大，然後把他們按這些資料分成 10 人小組。到了那一天，每組還先讓各人以"心靈地圖"的技法，隨意之所至寫出自己對有關地區的十多個零星印象，從而避免思路滑進庸常的窠臼。組內再花點周折，參照上述的感知元素選定了與該組人數相等的考察項目，接着便開始以"書寫風暴"匯集團隊智慧，發展構思。

在這裏宜再一提的是，在學習創意技法時，也應嘗試多種技法的相互組合；上述"心靈地圖"與"書寫風暴"的互促互補，便是一例。在以後將談到的"戲夢人生"活動裏，更有機地融合了燭光圈、拼貼技法、心靈地圖、書寫風暴等手段。

　　另外，主體在運用各種技法時宜靈活運用，不囿於照本宣科，例如在運用心靈地圖時，如過於拘泥畫面亮麗、格局整齊，便往往比線性書寫更不利於思緒的自由奔放。

化熟悉為陌生

　　在第一章的其中一篇文章〈創新的四個階段〉（頁 23）中提到，華萊士（G. Wallas）在 1926 年提出“四階段模型”，把創新的過程分為準備、孵育、頓悟與驗證四個環節。按照這個模型，思考活動從意識層上的理知分析形態（準備期），潛沉到無意識底層，在那兒默默地翻騰、互撞（孵育期），至時機成熟，或受到外來刺激的觸發而驀然成形，再湧至意識層面，創新的主體乃翩然而悟（頓悟期）；然後，主體還要在理知的層面上努力，把這初生的想法檢驗證實、梳理成序（驗證期）。創新行動就是要經歷這於意識與無意識之間的上下穿梭，才竟其功。單憑理性的分析和線性的推理，主體便容易受到慣性思路的規限，不易在迷陣裏找到新的蹊徑。

　　但從事實務的人當然不滿足於“知”，他們還追求“行”，還要探求怎樣促使創新的過程成功發生。其中的一個努力方向，是嘗試設計技法，讓本來只可以在無意識底層完成的孵育至頓悟認知環節，可在光天化日之下在創新隊伍裏發生。

　　奧斯本（A. F. Osborn）揭櫫的“腦力風暴”（brainstorming）是其中一種頗有成效的辦法。戈登（W. Gordon）及普林斯（G. Prince）研發的“分合法”（Synectics）則是另一種。按照戈登自己的説法：“光對創新者呼籲要直感、神入、投入、抽離、要有遊戲心情、要容納表面無關的想法，往往無濟於事；還要有一套可運用於實際操作的技法，讓他們在行動裏不知不覺便進入了這些有利創意產生的心理狀態。”

創新的分合法有兩大環節：

1. 化陌生為熟悉；

2. 化熟悉為陌生。

前者的作用，相若於華萊士模型的“準備期”裏，在意識層上進行的理知分析及線性推理，先把目前之所知、對問題的界定，整理清楚。在這個初始環節裏，還要注意不要先讓看法膠結僵化，而要令用以演繹當前難題的臨時認知構架保持靈活柔韌；這樣到了“化熟悉為陌生”的第二個環節時，才有可能把既有的觀點再作變革，找到既新穎又有效的思路。

戈登為“化熟悉為陌生”發展了四種操作性的技法：個人類比、直接類比、象徵類比與幻想類比（本章內的其他文章將逐一説明），目的是為了要扭曲、逆轉或挪移看待事物時那習以為常的方式。慣常的思考方式固然可讓周遭世界顯得熟悉安全，也讓人們可輕易地應付日常的工作；但面對新的挑戰，或面對舊的問題而希望以更有效的辦法去解決它時，慣性便成為束縛。

日產國際設計公司的創辦人希斯伯格（J. Hirshberg）曾講過一個故事：當時公司剛受到委託，要設計一系列的學前托兒所傢具。設計的範圍包括整套桌子、書架、小壁櫥……至三輪車。他們決定先從椅子，那經典的設計挑戰開始。未旋踵工作室裏的許多繪圖板上已畫滿了林林總總的方案，這些方案都符合穩定、實用、易建及人類工程學的原則，但設計師們再三沉吟，總覺得還欠缺了一種大家都說不出的要素。問題是，無論是誰看到這些素描，而沒有留意到用品的規定尺碼的話，從各組成部分之間的大小比例或相互關係裏，都看不到有甚麼特點說明那是小孩的用品。

大家拿着設計圖左思右想。希斯伯格突然有衝動要問一個"愚蠢問題"。他問道："小孩是甚麼？"人人都答道："一個小小的成人嘛！""不對！不對！"人叢中有人喊道："小孩是畸形的成人！"眾人都笑了起來。但這正是設計小組苦苦尋求的定音一錘：一邊是微型的成人椅子，另一邊則是學前小童的傢具，就在此刻驀然區分。其實這也就是其中一位設計師在人體素描裏已捕捉到的特質：這種年齡的孩子就像只有腦袋與軀幹，連着一丁點兒臂與腿 —— 絕對不成比例。不消幾天，他們便創造了整個充滿種種可能性的虛擬幼兒教室。當歐、亞、美三大洲的兒童第一次看到這些傢具時，都像見到老朋友般雀躍不已。

那關鍵的一問"小孩是甚麼？"一直沒有人提出，是因為人們都覺得那是只有外星人才會提出的問題。但正是這個傻問題讓人們"化熟悉為陌生"，從遠處再以嶄新的目光審視司空見慣的客體，從而達到了突破。

小孩子喜歡彎下身子，從兩腿之間往後面看去，也是試着化熟悉為陌生；他們樂此不疲，正是因為在那些司空慣見的景物裏，他們發現了臆想不到的空間關係。美術老師教授素描，叫你不要看那張椅子，只把注意力集中到椅子以外的虛空，化虛為實只去勾勒空間，結果你竟擺脱了一直以來對椅子結構的許多誤解，第一次把椅子準確地畫出 ——"化熟悉為陌生"的眼光，往往更深邃、更真切、更穿透。

直接類比：如**變色龍**的屋頂

上文提到，辛納迪克斯（Synectics）創意顧問公司在"化熟悉為陌生"的創新環節裏，經常運用的類比思維技法有四種，其中一種是"直接類比"，其辦法是：先在大自然裏上下搜索，找尋有甚麼事物的行事方式，與正要創製的產品所追求的相符，然後在構思上進行參照或移植。

有一次，創新小組的任務是要設計一種使用後便自動封口、自動清潔的藥瓶。他們決定運用"直接類比"，於是便上下求索，紛紜舉例，提到了蛆蟲、人類的嘴巴等例子……。最後，一位在農莊長大的成員說，自己小時候便常常驅策在前面拖動乾草大車的馬兒，看到馬兒要拉糞時，牠的"外嘴巴"如何打開，肛門括約肌怎樣張大，馬糞排出後便"一切都乾淨俐落地再關閉"。……再三推敲後，創新小組就依據這個操作機理，成功設計了一個頗有效的分配器。

辛納迪克斯在創新行動上採用的類比思維辦法，裏面運用的知識有深有淺，從普通人都懂的常識到專家方可窺見的奧秘都有。在之前的例子裏，組員不必具備多少牲畜的解剖知識，就只憑平時的細心觀察。但也有必須運用專門知識的情況。例如有創新小組要設計新型的屋頂，而初步分析發現，如果屋頂於炎夏呈白色、寒冬呈黑色的話，則較符合環保原則；因為前者反射陽光，後者則吸收熱量，可減少戶內冷氣機的消耗。

　　組員甲提出問題：「在大自然裏有甚麼會改變顏色的呢？」

　　乙説：「鼬鼠——冬天白，夏天深棕，是牠的保護色。」

　　丙説：「是的，不過每逢初夏鼬鼠便要把白毛脱掉，讓棕毛長出……我們總不能每年拆兩次屋頂吧？」

　　戊説：「還有啊，換毛並非鼬鼠的隨意行動，每年就按季節換兩次。我認為屋頂必須隨着陽光的熱度改變顏色，畢竟在春秋二季也有酷熱的日子，也有挺寒冷的。」

　　乙説：「好吧！那麼變色龍又怎樣？」

　　丁點頭説：「那大概合適一點，牠可以把顏色變來變去，不必丟掉甚麼毛或皮。」

　　戊説：「那麼，變色龍是怎樣變色的呢？」

　　甲説：「……比目魚相信也一樣，牠在白沙灘上呈白色，到了黑泥裏便色澤深沉。」

　　丁説：「對呀，我也看過！但牠們是怎樣辦到的呢？」

　　乙説：「色素細胞嘛！我不肯定那是隨意的還是不隨意的變化……等一等，兩樣都有一點。」

　　丁追問：「我還未聽懂。」

　　乙笑道：「你要聽論文嗎？」

　　戊説：「儘管發表吧，教授先生。」

　　乙説：「好吧！那種變化是部分隨意、部分不隨意的活動，是為了適應周遭環境的條件反射。在比目魚的真皮深層埋藏着無數漆黑的色素細胞，這些細胞一旦被擠推到表皮層面，比目魚身上便布滿黑色的斑點，遠看便是遍體黝黑。這就像印象派的點彩法 —— 你要湊近細看才會發現，印象派畫家秀拉（G. Seurat）作品的畫面，原來是由無數彩色小點構成的。反之，當黑色素細胞退返真皮深層時，比目魚的表皮就呈現朦朧白色……還有興趣聽聽‘生發層’及‘鳥尿環’嗎？"

丙打斷他説："我突然有一個奇妙的想法……我們製造一個黑色的屋頂，埋在這黑色的物料裏有許多白色的塑料圓球。太陽照曬時屋頂變熱，白圓球按波爾定律（Boyle's Law）膨脹，便‘撲’地從黑色材料裏掙脱到表層，屋頂便一片白色 —— 這也是印象主義油畫的模式，只是與比目魚恰恰相反。你不是説比目魚是黑色素細胞浮到表面嗎？這裏卻是白圓球給擠到外層……"

在這次行動裏如果所有組員都缺乏動物學的專門知識，便不易找到讓屋頂變色的竅門。為了要在思維上誘發不同的類比，辛納迪克斯在每個創新小組裏，都吸納各門各類的專才。

經過多年的實踐，辛納迪克斯觀察到最豐富的直接類比來源是生物學。這既是因為這領域的語言較少神秘的詞彙，也因其生意盎然的特性往往能對當時暫仍僵結、固化的討論注入生機。

個人類比：
假如你在機器內旋轉

共感力（empathy，或譯"同理心"）對創新的重要性，早已受到廣泛承認。主體想像自己就是要發明創造的客體，"流連萬象之機"，擷取另類創意，史料上已有不少事例。愛因斯坦（A. Einstein）思考狹義相對論時，曾想像自己站在光波上以光速前行，思考廣義相對論時則想像自己身處下墜的電梯裏而感受不到任何重力；丹麥物理學家波爾（N. Bohr）在構思他的量子原子論時，夢到自己就是一顆以絲線繫於熾熱太陽上的行星；英國電影演員羅蘭士奧利維亞（L. Olivier）在台上既是哈姆雷特（Hamlet），也是演員；蘇東坡描述畫竹的"其身與竹化，無窮出清新"等……都是典例。

辛納迪克斯（Synectics）創意顧問公司的一種創新技法就是"個人類比"，即創意人在想像中化身為要設計的事物，從而揣摩產品該怎麼樣，才能有期望中的效能。

例如有一次他們要設計一個轉軸系統，系統裏可以不同速度轉動的各個部分互相牽引，把動力從"入軸"輾轉傳送到"出軸"；但又必須保證，無論入軸轉動得多快，出軸仍要維持每分鐘 400 次的轉速。創意小組早已發現，一般動用齒輪、錐軸、液體變速器的辦法都笨拙無效，必須另闢蹊徑。組長甲在黑板上畫了一個盒子，進出口均畫有轉軸，分別在旁邊寫著"400~4000 轉"及"恆速 400 轉"。組員們輪流"進入"盒子裏"隨物而旋轉"。

乙想像身在盒中，一手抓入軸，另一手抓出軸，前者從而驅動後者。入軸走得太快時，他便讓它在手中溜轉，使輸入的動力減弱。他說抓住入軸又偶或讓它溜動的那隻手燙極了。有組員問：怎樣可知道出軸是否走得太快？他說可以用手錶測量。顯然，他還未能擺脫一般辦法的困境。

丙自告奮勇要試試。他說："我在盒子裏正在努力，要擔任一個速度調整器 —— 一種內置的回輸系統。我的雙手緊抓出軸，我的腳就踏著連在入軸上的一塊圓板上……真希望入軸轉速增加時，我的腳掌會變得愈來愈小，因為如此一來，入軸轉給我的摩擦力便會減弱，出軸雖仍被我緊緊抓牢，從入軸傳過去的動力既然沒有增強，它的轉速便可保持不變。"

丁問："怎樣可以把腳掌變細呢？"

戊說："要是有甚麼'反牛頓力學'的理由，讓每逢入軸速度增加時，丙的兩隻腳便互相靠攏接近，那麼，力矩便會自然減少……"眾人都很喜歡"反牛頓力學"這個提法，七嘴八舌說："我們就是與離心力對抗著。""或許需要一種'反牛頓力學'的液體吧？ —— 一種不是把物體向外拋，而是把它們拉向旋轉中心的液體。"

"唯一愈旋轉愈會挨近中央的東西就是一條繫着墜子的繩，繩子的另一頭繫到一根棒子上。你把繩子急速轉動時，它便會繞到棒子上去，如此便愈來愈短……"戊説："如果是由無數繩子組成的液體又如何？或許更恰當的是一種塑性的液體。對啊！試試想像一種由億萬個橡皮圈組成的液體，入軸旋轉得愈快便愈多橡皮圈纏繞到軸上去……"

　　眾人喜歡這瘋狂的想法，因為它有了一個"內置"的調速器，便不必再配備林林總總轉速計之類的部件。

　　後來，一位組員按這液相（liquid phase）的恆速原理建造了一個機械的模型，發現果然有效而經濟，驗證了小組的想法。

象徵類比：印度**魔繩**的聯想

為了要達到"化熟悉為陌生"，辛納迪克斯（Synectics）的創意隊伍經常運用四類技法。除了以上談及的個人類比及直接類比外，還有象徵類比與幻想類比。其中"**象徵類比**"的訣竅，就是要"忽然興至風雨來，筆飛墨走精靈出"，找到某種有"詩"特性的符號，就如一石入清湖，轉瞬便泛起一泓泓的漣漪，最能觸發眾人的想像，也因"虛故納萬景"，能概括問題的本質。然後，創意小組繼續以類似"腦力風暴"（brainstorming）的辦法，"水性自雲靜，石中本無聲，如何兩相激，雷轉空山鳴"，從這個符號伸展開去，搜索到真正能解決當前難題的構想。

例如，辛納迪克斯要為客戶解決一個問題：設計一個千斤頂，可放置於方圓四吋的小容器內，卻又可向上伸出，扛起四噸的重量。傳統的辦法是用從小而大的幾個千斤頂接力操作，費時失事。小組決定用"象徵類比"的辦法尋求突破。

首先有人建議，構思一種"生物千斤頂"，能源來自某種培殖的病毒堆，輸入養料時，微生物便急速繁殖，佔領空間，產生壓力。但另一位組員指出：當生態壓力達到每方英吋若干磅時，這類生物羣落便會停止生長。小組研究了不少辦法，但仍未得要領。於是他們問：究竟解決問題的關鍵，是能量呢？還是機械呢？結果認定了不可能是能量，因為總可以從外面用電動機，通過可拐彎的聯軸繞到裏面去，推動千斤頂……

甲突然説：「答案就像一條印度魔繩！叫客戶跑到印度的墟集去便成了。」

丙説：「對啊！它就是要軟着進去，硬着出來！」

丁不耐煩地問：「你説甚麼？」

丙説：「印度魔繩嘛！開始時，那術士把繩子讓人羣看清楚，軟綿綿的。他的魔法就是使它變得硬挺筆直，然後攀援而上。」

戊説：「陰莖就辦得到，憑的是液壓。」

丙説：「我倒喜歡這想法！……但怎樣設計一套可扛起好幾噸重物的魔繩呢？」

戊説：「我並非説笑，用液壓便可以辦到。」

接着眾人議論是否可以用橡膠管子或可伸縮的管軸，但發現前者會搖晃不定，後者則難以天衣無縫。

他們省悟已遠離了印度魔繩的意象。於是丙再問：「鋼鐵怎樣才會軟進硬出呢？」

乙想到這正是鋼質軟尺的常態，從鞘盒伸出後可以向前直伸到老遠，又可以捲回鞘裏。但戊指出如果要支撐重量它便會崩坍。乙説：「我們可以讓兩條鋼軟尺背靠背，在鞘盒時分開，出鞘後黏連在一起，便堅如磐石了。」

甲説：「單車鏈也同樣只可以朝一個方向彎曲。我們可以把兩條單車鏈裝到鞘盒裏，設計得讓他們一出鞘便黏在一塊硬如百煉鋼，捲回來則仍化作繞指柔。"

丙説："只須把它們的頂部綑紮在一起，它們便再分不開……單車鏈的構造就是這麼樣。"

在這創新的過程裏，小組在"盡日尋春不見春，芒鞋踏遍隴頭雲"之餘，一旦找到"印度魔繩"作象徵類比，便"歸來笑拈梅花嗅，春在枝頭已十分"；那詞兒一經提及，突破已呼之欲出了。

幻想類比：
昆蟲太空衣的狂想

　　辛納迪克斯（Synectics）創意顧問公司的另一個尋找新點子的技法，是採用"幻想類比"──暫時擱置理知的現實思慮，把搜尋點子的範疇擴展至海闊天空，先捕捉一個天馬行空的意象，從那裏出發，東闖西蕩，迂迴曲折歸復到現實的境域，以此嘗試找到既有新意，又實際可行的辦法。

　　例如有一次，他們要設計一襲防蒸氣的太空衣，創新小組一開頭便問："在我們最瘋狂的幻想裏，會希望那太空衣的接合機制如何運作？"……擾攘了好一會後，甲突然說："訓練一些昆蟲可以嗎？"

　　乙驚異問："甚麼？"

　　丙又問："你的意思是，訓練昆蟲依號令打開或關閉太空衣？一、二、三開！一、二、三關！"

　　丁沉吟道："找兩排昆蟲，在接合處每邊一排，關閉的號令一下，牠們便手拉手……或爪……或甚麼的，接合口便接上了……"

　　戊興奮地說："我突然感覺像海岸救生員……你們還記得那故事吧？嚴冬裏的驚濤駭浪，船擱淺在礁石堆裏，救生

艇全不管用……大英雄嘴裏咬着繩纜，向沉船奮力游過去
……"

丙恍然有悟説："我懂了，只需找到一隻昆蟲，在接合
處上下奔忙，調弄那些小門閂。"

己在嘀咕："要是你用一頭蜘蛛……牠會吐絲，然後把
接口縫合。"

庚接口道："蜘蛛吐絲，交給跳蚤……接合處兩邊都有
一列小洞，跳蚤在兩排小洞間左右跳躍、鑽出鑽入，就這樣
把接合拉攏。"

戊説："好呀！不過昆蟲的氣力太小了……陸軍要測試
裝備時，會拿虎頭鉗以每英吋 150 磅的力向兩邊拉扯……
必須用鋼鐵的線縫合接口。鋼鐵！"

不知不覺間，創新小組已在摸索進入現實的軌徑。

丙説："我倒有個主意……就從剛才用昆蟲拖着絲線鑽
過孔洞那個想法開始，你可以改用機械去辦……兩排洞口就
這樣在兩旁梅花間竹排列着……用一條鋼鐵彈簧這樣扭着上
去，穿過這邊的小洞又穿過那邊的小洞一直鑽上去……扭、
扭、扭……噢！這要扭上半天，連手臂也會扭斷呢！"

戊大聲説："聽着！我看到另一種縫合的圖景……就是
你那組彈簧，假設有兩組，每邊一組……如果你用一條長長
的鋼鐵魔怪拼命往上擠……就這樣……"

己叫了起來："我知道他想説甚麼！"

戊説："如果那瘦長傢伙是一根粗鋼線，你可以讓它從
兩組彈簧底部那兩個環的交疊處插上去，只要開了個頭，兩

組彈簧便一環又一環地被推擠至互相交疊，接口的兩邊便愈拉愈攏……只需把粗鋼線繼續向上推，便可以把那兩片橡皮緊緊地拉到一起。設計上要把那兩組彈簧鑲嵌到接口兩邊的橡皮裏，便可以用鋼鐵縫合太空衣了。"

除了讓創新者暫時擱置現實與理性的思慮，從而找到另類的起點外，幻想類比（昆蟲）看來還有利於觸發各種類比想法，例如海岸救生員的個人類比、蜘蛛的直接類比和鋼鐵的象徵類比，皆有助於最終解決問題。

在憶述這些創新過程時，戈登（W. Gordon）認為：類比思維的機理並不複雜，但運用起來卻頗殫精竭思。這種技法並非可使創新的行動輕而易舉，而是讓主體可從而有效地投入更多的腦力與精神。事實上，在行動完結後，參與者往往都很疲累。這種疲累主要並非來自過程中的高度精神集中，而是在整個過程裏，主體的心智導向與聚散必須繞着某種動態平衡而往來搖擺 —— 只把無數類比紛紜臚列不會產生成果，創新主體還得讓要解答的那個問題，在心靈邊際不停掠現；如此，才可能在解決問題的曙光初露時，及時瞥見。

開放心靈地圖

　　人在創新的過程中，腦海裏萌發過天文數字般許多意念，在那裏互撞重組，之後才篩選保留一兩個。對創意思維極有研究的法國數學家阿達瑪（J. Hadamard）認為：**大部分構想的產生、重組及淘汰的過程，都在無意識裏發生，它們只偶或在意識的邊際浮現。當然，那許多意念大多是無用的；但仍有不少，雖或暫未完美，卻是引向正確答案的橋樑。**

　　我們多有過這樣的經驗：偶或有美妙的朦朧意念在腦際一閃，隱隱似應記得，但坐下來要認真思考，拼命在腦海搜索，飄忽的意念已蹤影杳然。若被動地守株待兔，只期望藏存腦中的種種意念隨機互撞併合，到適當時機，自然瓜熟蒂落，便總嫌太過依賴運氣了。

　　另一方面，或許可憑書寫把意念記錄下來吧，但也並不容易。創意的思維偏於圖象、全息、類比、直覺、平行操作等非線性的形態；反之，書寫則依靠邏輯、語言、分析和批判等線性的過程。書寫的過程中激發線性的認知操作，非線性的便受到壓抑。何況，一個多維的圖象一經化為線性的語言，那意念與意念之間的千絲萬縷，若有若無的聯繫便不易保存。

　　因此，布贊（T. Buzan）在 70 年代便發明了所謂 "心靈地圖"（Mind Map），也譯作"心路圖略"；而在大西洋另一岸的妮歌（G. Rico）也發明了相類的技法，不過她卻較多用在創意寫作上。他們的辦法，都是讓創新者進行流水行雲般的書寫，在過程中盡量避免線性思維的簡化，也讓右腦維持活躍，使主體仍能接觸到隨想、白日夢，與偶或顯露的記憶片斷及想像零篇。

運用 mind map 進行以"山"為題的創意寫作。

在創意思維的工作坊裏，我常給同學述説妮歌對如何繪寫心靈地圖的提示：

要創造一幅心靈地圖，先在紙頁中央寫上一個"核心字句"。放鬆，讓思緒順着聯想流動。把聯想簡略寫下，畫個圈圍繞着它，再聯想開去，順着它們要走的方向往外擴散。不停地寫下腦子裏萌現的思緒，又畫圈框住，再聯想、書寫、畫圈，不斷推移。如有另類的意念觸動你，便從中央再開始。在這過程中，你或會感到傍徨，懷疑是否會有成果；那只是你橫蠻的左腦闖進來，嘮叨説你是多麼愚蠢，竟不先把意念按邏輯理知整理。可是你要信任那駿利的天機，意念的組織原無定法，內裏有甚麼微言大義也可暫不理會，你的焦慮終會消失，代之以遊戲心情。繼續串聯，並把似有關聯的意念用箭頭連起來；但不必擔心甚麼該走去哪裏，每個聯想自會找到自己的處所。要是你思緒一時枯竭，那就胡亂塗鴉一會，這種鬆弛的狀態，自會讓你產生另一陣連翩的浮想。繼續串聯，直到有那麼的一刻，你體驗到一種豁然的感悟，像突然知道了何去何從。

不過，在布贊介紹"心靈地圖"的幾本書裏，一直沒有清楚説明怎樣才可以運用它有效地催生創意；不少讀者以為自己懂得心靈地圖了，雖已依樣葫蘆，卻未見得對創新行動的實效有多少促進。

面對那心靈深處，特別是無意識底層不斷產生的紛紜意念，橫向思維、腦力風暴等創新技法，就是不滿足於守株待兔，只被動地祈求它們在那兒隨機互撞、連結而偶或產生創意，才驀現於意識層；而是設法把這從醞釀到突破階段的某些環節，轉移到意識層上進行，務求在可行範圍內，觸發創意的誕生，把它們記錄下來，才進一步篩選、梳理、發展。心靈地圖除了能幫助主體學習、記憶、表述、組織千纏百結的複雜資訊內容之外，也確可在這個意義上運用於創意思考。

創意之所以能夠先於無意識底層大量產生，原因之一是在那兒的心智活動偏重於非線性的並行操作，每想到一個意念時，許多衍生的意念便蜂擁而至，其間千絲萬縷各有因緣。如以一般的書寫辦法記錄，詞句之間只可能有線性的推移，對非線性的多維聯繫便難免掛一漏萬，往往截斷了真正有價值的思路。心靈地圖的鋪排格式，在一定程度上可避免上述的缺憾，最少一旦寫下了某個意念，便可以向四面八方擴散，寫出好幾個隨之而來的新念頭。

問題是，不少人學到了心靈地圖的格式後，卻沒有充分利用這格式所提供的自由空間，仍只是於細意籌謀之後，把一個又一個的意念循規蹈矩描畫到紙上去，其結果是雖具備了外形，實際上卻只是七正八經的一頁線性書寫。忘記了無意識活動的另一個特點，就是少於判斷，讓眾多意念互撞而連結，節節攀援，無遠弗屆，不讓是否實際、正確、邏輯、合規模等考慮過早將想法都淘汰掉。

因此，把心靈地圖運用到創意思考的一個訣竅，就是串聯勾畫時要保持隨意的心情，就像妮歌在《天機一片的寫作》（*Writing the Natural Way*）裏說："你在串聯時，要信任那自然的過程，它實在天機一片⋯⋯"

　　也正因如此，近年每當筆者在創意思考課程裏向學生介紹心靈地圖，在出題目讓他們實習之前，總要求他們先熱熱身，做 10 分鐘的"隨意寫"（free writing，下文〈隨意寫：釋放初生意念〉會詳細敍述，頁 175）—— 不假思索，不拘泥語法與邏輯，筆不停揮寫下聯翩浮想；從而習慣於迎接在腦海中汩汩呈現的眾多思緒。

勾畫你的**安全角落**

筆者在學與教的活動裏，常讓同學們進行一個活動，那就是結合"心靈地圖"（Mind Map）的技法，讓他們書寫小時候的"安全角落"。這活動不一定要在創意寫作的課程裏才合用，如能巧妙地楔在社會考察、服務，或個人成長為主題的大型行動過程裏進行，往往能讓同學在啟動創意及瞥見宏觀世界之餘，深刻體悟"小我"與"大我"千絲萬縷的互動關係，窺見人生的意義。

在同學都準備了紙筆，圍圈坐定後，我對他們說："在你的想像中'爬'回你小時候的那所房子。在那裏選擇一兩個對你特別重要的地點，例如門坎、閣樓、地窖、牀底下、走廊、樓梯轉角處⋯⋯在大紙上的中央寫下這個地點，例如'我家的天台'，畫圈圈起，然後追蹤從此輻射出的思緒，繪寫成一個盤根錯節的'創意心圖'。

"仔細觀看這'安全角落'，聆聽它周圍的聲音，嗅嗅它，用手去觸摸它，感覺到它的溫暖或陰冷⋯⋯讓它如今再變為'真實'，呼喚這空間裏的精靈。在這個角落，你想到甚麼人？甚麼事？你躲在這角落裏往外窺察到甚麼？有甚麼人是你願意與他／她分享這安全角落的呢？⋯⋯隨着那聯翩的浮想按照'心靈地圖'的技法伸展開綿密的枝蔓。"

在這過程裏，得偶或提醒同學："要記得這書寫勾畫要進行得比較快，似不假思索，更不要太早作過於理智的'構思'，要有點像隨意寫（free writing），還要帶點冒險精神，追蹤你的聯想、回憶與啟悟。"

　　到某一刻，同學或許會突然覺得圖上的某叢枝幹別有生機，在那兒隱藏着的回憶、聯想特別豐富、多姿、深刻，似乎大有可為……這時他可以暫時擱下這第一個"搜獵性"的心圖，環繞上述那最具潛力的枝幹另外繪寫一個。如果紙上的空位還多，又或者只是想"省事"一點，也可考慮在旁邊加貼一些紙，在擴展了的空間上發展這"創建式"的心靈地圖。

　　然後，可叫同學按照這生機盎然的創建心圖的指向寫成文字。……這活動除了擷取成長的動力外，也有助同學掌握運用心圖的技巧 —— 它牽涉錯綜複雜的思考環節，卻只動用了個人的記憶，不必先費勁搜集現實世界或專業學科裏的繁重資訊。

　　讓同學回到童年的房屋裏，是因為那些他於幼年曾經愛過或恨過的角落，深深地埋藏在他內心深處，成為一種建構他的力量，幾乎決定了他對事物的看法。

　　同學要記得用整個人去感覺這"角落"的一切，也讓思緒浮游到角落內外的人和事，並把這些記下來。重要的是真正的感覺，而不是"應有"的感覺……如果記憶中的感覺是矛盾的：既安全又惶惑、如冰也似火 —— 也要嘗試包容。事實上，它可能是創造力量的來源，它大概也是本書第一章濟慈（J. Keats）所說的"負的能量"。

上述只是心靈地圖運用的其中一例，首先，這大致仍屬創意寫作的範疇；即在此領域裏，唾手已可得的創意聚焦點已多如天上繁星："未完之事"，"我的手"等題目皆生機盎然。更重要的是，心靈地圖還可極有效地運用於商企策略的規劃、工業產品的設計、科學研究或社會服務行動的策劃、論文的寫作或演詞的構思等許多方面。具體的運用步驟，皆可從上面個例的描述靈活推衍，也可參考布贊（T. Buzan）或妮歌（G. Rico）的論述，在這裏不再多贅。

用 mind map 進行環繞"安全角落"這主題的創意寫作。

隨意寫：**釋放**初生意念

多年前曾先後赴上海及北京的戲劇學院擔任創作課程客座教授，每星期有三個早上的工作坊，每次三小時。每次在早上剛開始的時候，我都讓學生先做 10 分鐘的"隨意寫"（free writing）練習。

具體的要求是：不要着意去構思，在腦海裏浮起任何意念、感覺或情緒，就信筆疾書記下來。要不停地寫，但也不要緊張匆忙地去趕。不要回頭覆閱，也不要刪改已寫下的字句。不需思量遣字用詞，也不必擔心句法的對錯。要是一時腦子裏一片混沌，就寫"空白一片，空白一片……"直至新的思緒又於腦際泛起……

"隨意寫"在歐美已是作家促進創意的慣常手段，在內地及香港實踐的似還不多。最初，同學很不習慣，常常發現自己停下筆在構想，或複讀前面寫了甚麼，或覺得腦子裏掠現的意念太混亂了而不由自主地去整理它。但進行約一個星期後，多能達到一種舒展自如的境界，覺得彷彿從以前生活和教育裏沉澱下來的一些負面層積，釋放了出來，接觸到從未經歷過的奇妙心靈活動。有一個同學後來對我說，他覺得寫出來的部分東西，像顧城的朦朧詩。

大學的同學經過十多年的體制教育，當然已學到不少知識，但也養成一種性格，就是極恐懼犯錯。學校和家庭裏從來很少鼓勵創造力的發展——因為那要允許錯誤，要容忍未成熟的想法在發展期的稚拙疏漏。

在寫作過程中，就在意念萌生到書諸筆尖之間的那一瞬間，已往往出現了種種恐懼：那意念似乎不一定對；又好像不太實際；與其他意念又似有矛盾；或與社會上的現存觀點隱隱不太合拍。於是那個意念還未有機會萌芽茁長前，已被勾銷埋葬。也就是説，在意念的產生與寫出之間，每每有一位太蠻橫的"編輯"。

"隨意寫"不是要消滅這個"編輯"，因為沒有他也不可能寫出有條理、有結構的文章，而是要防止他那種草率、專斷和不合時的干預。創作人要能指揮這"編輯"，而不要成為他的奴隸。甚麼時候該讓發散式思維（divergent thinking）暫且驥伏，讓收斂性思維（convergent thinking）進行細緻嚴謹的工作；甚麼時候該讓發散式思維脫穎而出，產生石破天驚的突破，乃是創新者必須掌握的一種學問。他要想辦法築構讓思想自由馳騁的空間，創新才有可能。在文學藝術如此，在科學及其他領域也一樣。

例如，在理論物理和實驗物理都登峰造極的費米（E. Fermi），大部分時間都不得不投入到指向性較明確的科研工作中；但為了取得較大的突破，他特意每天抽出一個小時，去進行上天下地的"胡思亂想"。

揭櫫"隨意寫"的艾爾堡（P. Elbow）更曾指出：具體做法還可以稍加變化，以達至不同的功能。"聚焦隨意寫"

便是一方面仍堅持天馬行空，另一方面則如影隨形環繞着某個特定題目隨意書寫；"互動隨意寫"則一早便準備了讓別人閱讀，成為互動創作的一個環節。因此，隨意寫除了是一種事前進行的練習，讓寫作人可較易進入天機駿利的狀態之外，也可以活用於寫作過程的本身，或捕捉腦際轉瞬即逝的靈感，或觸發在創作集體裏的創意互動。

　　"隨意寫"在本質、操作與目標上，與推動廣義創新的眾多技法，如"心靈地圖"、"書寫風暴"等，往往不謀而合、互為表裏。我們在運用這些技法時，不宜拘泥於非此則彼、涇渭分明，反可在行動的設計上，讓它們互相滲透。

腦力風暴：激發**互動思潮**

　　分子生物學家布勒納（S. Brenner），和曾與華特生（J. Watson）一起因發現 DNA 分子結構獲諾貝爾獎的克拉克（F. Crick），在劍橋合用辦公室 20 年，共同研究的碩果纍纍，包括發現 "遺傳信使"（messenger）RNA 及揭示遺傳信碼的本質。

　　布勒納後來回憶説："我和克拉克有一個不成文的協議，就是腦袋裏浮現甚麼都允許説出來。説真的，我們大多數的談話內容都匪夷所思。但是，偶然總會提出一些半吊子的構想，被另一個人抓住，發展提煉，不少挺不錯的成果便來自這些瘋瘋癲癲的侃談。當然，我們有時也不約而同，肯定了一些徹底錯誤的東西，它們到今天還是埋葬在抽屜底呢！"

　　有價值的突破，往往要經過很多次完整、不實際甚至錯誤的思考步驟才能達到。正如第二章提到席勒（F. Schiller）在寫給友人的一封信裏所説的："一個構想單獨看的時候，可能沒多大意思，但它卻往往可以從接踵而來的另一個想法，獲得意義。也許，當它與其他看起來同樣荒誕的想法組合在一起時，會成為一個天衣無縫的環節。因此，創新者得把一切意念保留，與其他想法一併考慮，才能下準確的判斷。我認為富創造力的心靈，總會把在大門外站崗的警衛撤走，讓各種意念蜂擁而進，才仔細地審視和檢驗那一大堆想法……"

腦力風暴（brainstorming）是奧斯本（A. F. Osborn）在 1953 年出版的《應用想像力》（*Applied Imagination*）一書裏提出的羣體創新技法：他建議要創設一個特別的環境，讓幾個到十幾個創意人，可像克拉克與布勒納一樣，克服怕錯誤、怕丟臉和怕冒險等心理障礙，環繞着既定的創新目標，抒發種種構想，在這些意念的互相激發中，層層跨越到意想不到的境界。要使腦力風暴成功，得注意如下的訣竅：

1. 暫緩判斷 —— 為使天馬行空的紛紜想法得以提出，為克服種種心理及文化障礙，第一條重要的規則就是要暫緩判斷。一切關於是否有價值、是否實際可行及是否原創的評頭品足，在腦力風暴進行中都要避免。對意念的篩選整理仍是必須的，但得留到活動的最後階段，甚至幾天後才進行。

2. 在數量中求質量 —— 人類的思考與聯想有層式結構，對思考者最具壓制性的，往往是處於表層的庸常念頭；必須層層開挖，穿透這些陳腐的積澱，才能找到有原創意義的思路。何況，正如席勒所說的，必須讓大量意念蜂擁進場，互相碰撞或組合，再仔細審視，才可能窺見其真正的價值。

3. 相互激發 —— 參與者都要注意別人的提法，讓點子滲透入心，並着意以別人的意念為跳板作新的跨越。另外，更要努力讓自己的思路與別人的想法互撞、結合，尋求發展。

"腦力風暴"這個以團隊互動產生創意的辦法,當年原是為廣告創作的需要而發明,不久卻已被廣泛應用於工商企業的營運擘劃。據估計在面世後的 15 年內,美國便有 70 個大型企業的員工培訓課程裏加入了"腦力風暴"。

　　但大概也在這時,出現了對這技法懷疑的聲音,不少大學裏的心理學系也開始研究它的效能。例如在 1963 年,明尼蘇達大學的鄧尼特(M. Dunnette)便在另一些研究工作的基礎上設計了實驗,糾集了多位科學家與廣告創作人,擬出難題,讓他們分別以腦力風暴的形態或單拳獨臂的方式嘗試解決,然後比較兩者的成效。

　　奧斯本曾聲稱:一個人在創新小組裏,相對於獨個兒,平均可產生出多一倍的點子;但鄧尼特的實驗結果卻與此相反 —— 對"腦力風暴"本來就是為他們而創建的廣告人,差距更是明顯:在羣體裏他們顯得壓抑,獨個兒反而是創意如泉湧,更沒有為了點子的數量而犧牲了質素。

　　明尼蘇達大學的另一位教授布查特(T. Bouchard)則反對如此便否定腦力風暴的實效。他指出這些實驗都有它特殊的脈境(context),這些脈境可能恰恰欠缺了腦力風暴裏的某些微妙元素。"最少在某些情形下,羣體互動不可或缺,例如當所需的知識都分散到不同人的腦袋裏時。"他設計了整系列的實驗去核證他的想法,例如在進行腦力風暴時,規定參與者輪流發言,每人發言後便請下一位講,如一時未有點子便說:"棄權!"這樣一來,結果便與前述全不一樣。

筆者個人的小小體驗是：腦力風暴工作坊如部署、推動與調節得宜，仍可有一定的實效。但總的來說，當年似已得舉世承認的那種十拿九穩神奇效應，確不易冀及。以下將提到的"書面風暴"，則在隊員互動的機制上作了根本的變革，頗能彌補"腦力風暴"的一些主要缺憾。

加強版的書寫風暴

　　1953年，奧斯本（A. F. Osborn）提出了"腦力風暴"（brainstorming），運用於廣告創作，今天應該已沒多少人未聽過這種創新技法了。不過，濫用這名詞的倒常常有之：凡是一羣人七嘴八舌，希望憑幾個臭皮匠便勝過一個諸葛亮的，便以為在進行着腦力風暴。

　　其實，成功的腦力風暴都有微妙的訣竅、嚴格的程序，像狄‧邦諾（E. de Bono）所說："正因為要揮灑自如，便得有儀式性的格局。"掌握好這些訣竅與格局，特別是它們背後的理念，腦力風暴才能產生效果。

　　但即使在運用得宜的時候，如上文所說，腦力風暴還有一些先天的缺憾。首先是它既倚靠言語的你來我往，無數提到的意念在眾人的腦海裏只如浮光掠影。轉瞬淡忘後，便誰也不可能以它為起點再加發展，更不可能期望個人的思路與已蹤跡杳然的眾多意念碰撞、融合而衍生另一層次的想法；於是思緒往往只能在淺處浮游，不易形成深刻的見地。另外，就是既然輪流發言，又不宜打斷別人的議論，碰到有人絮絮不休卻言中無物，其他人在腦海裏剛已隱約萌現的一些想法便逐漸忘卻，更無從以之與他人的思緒組合，如此便費時失事。久而久之，眾人便意興闌珊，再難熱切投入了。

近 20 年，歐洲盛行一種腦力風暴的變調，叫
brainwriting，可姑且譯為「書寫風暴」。十個八個人圍坐於
偌大的桌子四周，每人面前都有一張 A3 以上的大紙。開始
時，各人分別針對當前的問題，在紙上的中央附近飛快寫下
自己的一些想法。勾勒出初步的意念後，便圍繞着這小撮文
字畫個圈圈，然後把紙頁朝預定的方向（例如反時針）傳送
給鄰座；後者也把自己寫過的紙頁按同一方向傳給再下一位
成員。各人細閱前面成員寫下的內容後，再揮筆在紙上發展
想法，可以是原有意念的延伸，也可以是被它觸發的另類構
思，然後也另畫圈圈把自己所寫的文字圍住，並用箭嘴表示
思緒來自哪一環。接着又繼續傳送下去，又各自書寫，如此
輾轉傳遞，甚至周而復始繞若干個圈。

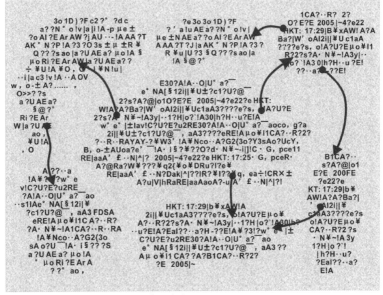

進行書寫風暴時，在大紙上進行輪流書寫的大略形態。

在活動開始前可選定一位主持成員，巧妙調節創意產生的節奏與階段。例如可以建議暫時先集中於界定問題的性質，若干分鐘後則提示或可各自寫下目前的所知或一些合理的臆想，移時又可詢問是否已可聚焦於推敲策略與點子……

在"書寫風暴"時，當然也要注意"腦力風暴"的原則：

1. 暫緩判斷 —— 不獨對別人的想法要如此，對自己暫仍稚拙的意念也一樣，了解到初生的構思都是脆弱的，或不堪一擊，或無甚可觀，但發展下去，尤其是與絡繹而至的其他意念互撞、結合之後，往往成為有價值的環節。

2. 相互激發 —— 以別人的意念作思考的跳板，或層層攀援，或相摩則燃；對別人的想法視而不見，便發揮不了羣體的優勢。

3. 從數量中求質量 —— 要讓大量的想法面世。庸常思緒多浮游於意識表層，要讓這些浮滓先漂淘乾淨，真知灼見才可能出現。

不過，書寫風暴與腦力風暴不同，無論在何時何刻，每個人都是筆不停揮地在思考、記錄，小組裏有多少個成員便有多少個想法同時在發展，想法數量一般不會少。因此有時反要提醒組員，別因追求全面而止於臚列鋪陳，還要時而聚焦一處，曲徑深入 —— 發散（divergent thinking）與收斂（convergent thinking）兩種思考形態宜辯證共存、來往隱現。

拼貼與**集體創作**

　　記得以往無論是參與或主辦戲劇營，每隱隱地感覺到某種整體結構上的缺陷 —— 營裏雖或有不少趣味盎然的編、導、演工作坊，讓參與者體驗到戲劇藝術的一些精髓，但總欠缺了最後真正面對觀眾的關鍵環節，便有點像入了寶山空手而回。這不大不小的缺陷，筆者一直覺得應可彌補，特別是數十年來劇界已開拓了樸素、有力、簡約的演出範式，更有利於戲劇營的參與者進入這"第三度創作"的環節，從而獲取有血有肉的成果。

　　2003 年，也就是非典型肺炎（SARS）疫症襲港的那一年，在 6 月 20 日早上閱報，得悉兩天後香港便會正式宣佈解除疫埠之名。當時靈機一動，認定了這正是實現心中醞釀已久的一個教與學想法的難得時機。經歷了幾個月的"非典"折騰，大學內外的各種學與教活動都已奄奄一息，但在此曙光初現之際，反而多了起動的條件 —— 城內多個夏令營地仍然空置，屈指可數的、既有實學也具關愛的導師人選也多未有新的行動計劃，芸芸學子更不會因早已安排了其他活動而不能參與……

　　於是便急急與古天農協商，敲定"上馬"，由浸會大學與中英劇團合辦"戲夢人生夏令營"；又致電位於石崗的嘉道理農研所，租用他們整個營地三天；接着，當然還要進行聯繫、策劃、磋商及向學生推廣這活動，讓他們報名參加等工作。

馬不停蹄地奔忙，是為了實現一個當時在心中已漸成形的願景：那就是在一個短短兩三天的戲劇營裏，讓同學們從零開始，經歷創作素材發掘、篩選、梳理、編寫劇本、圍讀、排練等眾多環節構思、排練出幾齣短劇，然後以簡約舞台的形式，面對觀眾作實驗演出。

但為了要讓參與者體驗創作的全程，時間便顯得捉襟見肘了。一個重要的策略，便是採用集體創作的辦法：把參與同學分成小組，每組八、九人，盡量平行運作；如此一來，創作素材的採集來源便多，劇本的不同部分也可分頭寫作，可得事半功倍之效。

集體創作也有它的危險，在設計活動時要小心部署，才可避免墮進陷阱。參與者既組成小組，或因熱情洋溢，或因尋求人多處的安全感覺，容易討論個沒完沒了，忘記了我們在心靈深處隱隱知覺到的，往往遠超於可宣之於言語的知識；於是在創作行為裏，便流於以淺薄的理知闡述，代替深邃的內心開採。要集體創作成功，必須設法讓過程有分有合；有個體的默默經營，也有羣體的交融互動；有創新意念的觸發，也有批判思考的運用；有心無雜念的自然湧現，也有追求實效的刻意經營……這許多對矛盾的兩端皆不可偏廢，在創作過程的設計上要讓它們各有其時，輪流上場，交替成為主導。

於是在戲劇營裏，便先讓參與者投入"燭光圈"活動，把燈光淡出後，分組圍坐地上，每位成員輪流手持洋燭，喁喁細説某特定範圍內，藏在心靈深處的一件實事 —— 或疫症肆虐期間的體驗，或生命經歷裏的記憶夢痕。約一小時後，組員都講過了，便分別在預先準備好的卡片上，簡略記下那故事的大要。然後小組成員都到鋪了一張大紙的桌子前，把故事卡擺放到紙上，靜下來默默重溫剛才聽到的真人真事，試着把卡片在大紙上比劃推移、排列成陣，直至突然悟到，某幾個故事之間似有呼應。這時可用膠紙或漿糊，按着這陣勢把卡片貼到大紙上，以卡片之間的空間關係暗示故事與故事間仍然難以言喻的種種聯繫。

接着，小組成員可運用"心靈地圖"等技法，把某種朦朧的整體輪廓在大紙上勾勒出來，然後一起進行"腦力風暴"，推敲該進行怎麼樣的加工、改進與補充。初步議定後，便協商如何分工寫作了，把本來燭光圈的那幾個合用故事片段，及要加寫的若干個橋段，分成若干個戲劇場次，給不同的成員分頭執筆。於是每人各自找到營內寧靜的一隅，默默揮筆書寫 —— 久聚之後，暫時分開各自深挖心靈裏的蘊藏。

他們寫完了，又回來聚在一塊，互相傳閱或捉對兒朗讀劇本片段草稿。然後又在隱隱已有默契的基礎上，再分頭把作品加工、發展、潤飾。稍事排練之後，讓幾個小組聚到一起輪流朗讀劇本，甚至邀請戲劇名家到場，讓同學們得到回饋、點撥甚至提供具體的建議……

整個過程的基本訣竅，是把使用剪刀與漿糊的拼貼技法，結合心靈地圖及腦力風暴的訣竅，運用於集體創作上。

　　這學與教行動的探索，終於得到了成果：在營裏再排練了大半天後，四齣短劇便在到場的百多位同學、親友、老師面前上演，演出後還台上台下互動討論劇藝，熱切反思人生。

圍着燭光分享心底話

　　上文提到"燭光圈"，記得這意念最初是從高柏（N. Goldberg）的一篇文章裏讀到。她在那篇文章裏不是稱燭光圈，而是叫"故事圈"，但形式上與筆者後來用的大同小異。

　　已忘了第一次在甚麼場合裏用到這個辦法，很可能是在某個"創意寫作坊"裏，為的是要讓同學從記憶裏擷取素材。發現果然有效，便一發不可收拾，把這活動先後融進不同的場合裏去。這包括了在京港學生結伴進行社會考察的日子裏，特別加上一節燭光圈，讓他們交流考察行動裏的深心所得、分享在胼胝協作時觸發的社會人生況味。也有建議學生在他們的迎新營裏舉行這種活動，讓新知舊雨開始了較深層的溝通，年輕的心靈之間築起道道橋樑。最初仍有點疑慮這辦法對年齡較長、心思較複雜的人，是否也適用？這要到本世紀初一次中學校長進修計劃的總結聚會裏，二百多位校長在香港大學陸佑堂掩映燭光裏喁喁細語，氣氛是那麼凝靜，不少對眼睛還閃着淚光時，才知道不論年齡長幼，在那懇切、互信的空氣裏，胸中的塊壘便自然破土而出。

　　要進行燭光圈活動，當然要先準備一爿寧靜、舒適，燈光可徐徐淡出的場所。先把參與者分成十人八人的小組，每組持一洋燭，圍圈坐着，在地上或椅子上均可。主持人可提醒大家，一會兒燈光"淡出"後，可先讓自己靜默一分鐘左右，然後組內有誰興致到了，便拿過燭台，徐徐細説自己一件刻骨難忘之事。這椿事可能讓自己感到憤怒、悲傷、歡樂，或回想起來忍俊不禁，總之是至今縈繞腦際、揮之不去的。另外，還要提醒參與者，在燭光圈這場合並不是要議論甚麼人生大道理，更不是要進行心理的分析，要講的是事件的具體經過，在記憶裏浮現着現場環境及有關人物的音容笑貌。第一位參與者講完了，另一位便接過蠟燭，再講述自己的一椿前塵往事，如此源源不息。……但也不要讓參與者在黑暗中過於疲累，燭光圈活動的總長度最好在一小時左右完成。

不過，主持人還是要提出一項守則，那就是在燭光圈裏的話語，有可能牽涉一些個人的私隱，這些內容都應長留在這四幅牆內，散會以後對誰都不應再提。

幾年前有一位學生阿超，在香港大學與浸會大學同學組成的"跨院校創意寫作坊"裏參加了燭光圈後，寫下了感言："我們圍着燭光，分享了自己的故事。這些故事就像樹根，深深地扎在心的土地上，有時也扎得太緊了……就在這個機緣，我們在燭光之下讓心輕鬆地呼吸了。動人的情節就像繁枝茂葉般不斷滋長，開心和傷心的故事，終於都結成纍纍果實。"

不同院校的同學，就如此在上述創意寫作坊的三個月裏成了莫逆之交，多年來時常聚會、互動寫作，年前還把過程與作品編寫成書出版，名為《輪流轉中的文字感覺》，那正是"纍纍成果"的一筐。

寫作**輪流轉**

　　十多年前，在一個浸會大學的創意寫作課程裏，為了讓同學們在聚會之間的時日仍可互動寫作，特別請專業的網頁製作人設計了一個網站，同學可各佔一頁，在上面書寫了文字之後，別人可以回應，然後又可以作回應的回應……

　　課程的第二次聚會，剛在春節假期之前。我在課堂上先把同學分成五、六人的小組，讓每組自己協商，約定在假期中各人都覺得方便的一個多小時裏，分別在自己家裏的電腦終端前，用五至十分鐘時間開始寫一段故事。然後，就按着預早分配的次序，由下一位同學把這未完的故事續寫一段，然後又讓第三位同學再續寫下去，每人都不超過十分鐘。如此輪遍了全組同學，繼續周而復始，直到某位同學覺得故事該完了，便當機立斷收筆。組內的五、六位同學分別開展的五、六個故事，都以這輪流續寫的方式，在同一時段裏完成……參與者也真夠忙的。結果，全班同學各在自己家裏只花了一個多小時，便寫成了二十多篇趣味盎然的作品。其中有一篇是這樣寫的：

E·整個晚上盡情地唱盡情地叫，許多天以來的鬱悶都一掃而空。我和朋友們離開卡拉OK之後，便各自回家。我乘搭的巴士終於到站了，我下了車，我家距巴士站並不近呢！還要獨個兒走一段路。看看手錶，12時45分，真要趕快才行。街上一個行人也沒有，我叫自己不用怕，應該沒事的。

A·突然傳來一陣腳步聲，我向後望。沒有人啊！我繼續往前走，腳步聲又再響起，我慌張起來，便加快了腳步。忽然，我的肩膊被拍了一下……

B·我嚇得臉無人色，心叫撞邪。慢慢轉身，一看之下三魂不見了七魄，那模樣還算是人嗎？沒有眼睛，血污滿臉，剛才拍我的更是僅存的一隻手。見他大叫："救救我！"……

C·我嚇壞了，拔腿就跑，可是怎樣也跑不動，原來他那隻手又抓住了我的腳。他說話了："別怕，我不是鬼，我剛遇到仇人，他把我砍成這樣，你快替我報警吧！"

E·我抖着手拼命地在身上找，手電哪裏去了呀？想必是忘了在卡拉OK。怎麼辦？血淋淋的人伏在我的身上，沒有人可以幫我，他這麼重，怎麼送他到醫院去呢？"救命呀！"我本能地叫。沒有人回應，我聽到的只有回音。

A·不！那人身上有手提電話，我拿它撥了999，卻一點反應也沒有。該死！用甚麼網絡的，這裏不是郊區啊！

> B‧突然，兩個蒙面大漢從那邊跑過來，我心想這次完了。一眨眼他們已到跟前，高舉着西瓜刀正要下劈。就在此時，一聲"cut！"從我身後傳來，所有人，包括那血跡斑斑的人，都滿臉輕鬆地站了起來。原來是拍戲，我成了路人甲！

　　現在重讀這個他們命名為〈夜歸〉的故事，顯然最先續寫的 A 與 B 兩人，都不約而同傾向把情節發展為鬼故事。但當電子稿傳到 C 的手上，故事便峰迴路轉。她透過故事裏在黑夜街上尾隨着主角不捨、滿臉血污那人的話，否定了是鬼魂出現。接着，其他網上輪流寫作者又發展了一些情節。最後，再輪到上述的 B 時，反是他寫出了身後傳來的那一聲"cut！"，把眼前種種歸結為只不過是一個拍戲的場面 —— 雖帶出主角與讀者的"意料之外"，但從情節的發展看來，卻又在"情理之中"。

　　這"輪流寫"的玩意，當然不一定要在線上舉行，有血有肉的真人圍聚一起，此呼彼應，則另有生趣。開始時每人先各自寫一段時間，信號一響時，便將寫了半截的文字傳到鄰座，然後各人都得把剛接到的段落續寫下去。如此若干次後，便把自己面前的文章完成。

　　以下是由香港大學的另一羣同學現場輪流書寫所得的一例，也別具風采：

A‧沿着高速公路飛馳，頂上沒有一朵雲，總覺得空蕩了點；想把毛衣脫下，擱到天空當一隻小綿羊。

B‧局促的感覺並沒有隨脫去毛衣而消散。勁風撲面而來，體溫卻一點沒有下降，想到剛才的事，心裏更感燠熱。"好嗎？"身後傳來一把熟悉的聲音。"咦？"我呆了一呆，沒想到是她："嗨！這麼晚？去哪兒啊？""早上7時了，還説晚呢？"她笑。

C‧我只傻笑着，腦中拼命搜索着話題。我該怎樣稱呼她？事實上我對她沒有恨。她顯然也感到尷尬，仍在笑；似乎為了逃避，她把視線投向窗外。這便讓我可恣意瀏覽她。眼角的魚尾紋，告訴我日子的飛逝，輾轉也應告一段落了吧！

D‧我的眼光接觸到她微微隆起的肚子，慌忙掉頭他望，心裏不能制止地悸動。是誰的？窗外的景物仍不斷往後飛奔，亂風把我的長髮吹得亂如我心。

E‧車停站，我下車了。車門前回頭對她説："媽，保重了！"

在這些寫作活動裏，每個成員的構想不得不與另些人的迥異思路先而碰撞，繼則融滲……從而擺脱了庸常的思維軌徑。

斬新 得句忽成篇

2002 年舉辦的"跨院校創意寫作坊",約了盧偉力一起合作。在浸會大學任教的他每周到香港大學主持寫作坊,當時仍在港大的我則每週渡海到九龍塘浸大去。兩羣學生就像牛織雙星,只在兩個多月後才真正走到一起大半天,進行結合了素材發掘、人生回顧、編、導與圍讀演出的活動。

不過,課程的中段卻有另一節隔空的互動課,兩班學生分別聚集到自己大學的電腦中心,在網上與海港另一邊的同學一對一互動寫作。那天是要"寫詩",這對他們大都是第一次。我與盧偉力讓他們先丟棄對"詩"的定見,放下包袱、輕身上路。

浸會大學的電腦室裏,創意寫作坊的同學陸陸續續到了。我在他們眼神裏都看到些許疑惑、些許焦慮;當然,他們早已知道,對着一個個的電腦是為了進行跨院校的實時(real-time)網上互動創作。他們要一起涉足榛莽之境。

在港島西角有另一羣同學也坐到了同樣的電腦前,他們是香港大學的學生。我用手提電話與盧偉力聯絡上,知道那邊的同學也準備好了,便協議同時開始。

我告訴同學我們要寫詩。雖然有相當大部分的寫作坊成員從未體驗過這個寫作的類型,也將會在兩、三個小時後,發現寫詩原來並沒有甚麼神秘。但是，我建議他們在開始的時候，完全丟開格式、韻腳、音步等一般寫詩的考慮，只需靜下心來，沉潛到記憶深處，在電腦上不停地把腦海裏浮現的少年夢痕，一句一句地寫下，每句都以"我記得……"開始。我提醒同學，"我記得"這三個字千萬不要省略；它給你動力，也給你某種天機一片的節奏。……不久，同學便已默默地在自己的電腦前寫着、寫着……

我到處走走，看不同螢幕上的句子，看到熊佩詩同學在寫："我記得早上陽光照亮了上學的步伐／我記得早上經過走廊，刻意從欄柵的縫隙，偷看正在打籃球的你／我記得大汗淋漓的你，對每場比賽都認真對待／我記得……。"海港兩岸的四十多位同學對着電腦螢幕，凝神敲鍵。……我與盧偉力隔海各拿着"手機"此呼彼應，保持時間上的配合。

看到已寫了十多二十句，便讓他們暫停，改寫"我夢到……"。我說明這可以是真正做過的夢，也可以是少年時代對人生長路的憧憬與追求。不久，他們更進入自動導航般的狀態了，渾忘了時間、渾忘了疲累。然後，我又讓他們改寫"我見到……"，那是寫當前的、大學時代的光景了。

我們早已把兩間學校的成員一對一配成創作夥伴。寫完了上述三種"句型"之後，便讓他們按鍵溜到對方的網頁上，細細體味他或她寫就的許多句子，挑選出十多句最有感覺的，除在對方的頁上記下之外，還扛回自己的網頁上。然後，我們叫每一位同學，就用被對方選上的自己十來句句子，加上自己選中的對方的四、五句句子，拼拌一起，編織為一首詩；在這基礎上當然可以增刪潤飾，滄海遺珠之句也可重新收拾。不過，我提醒他們，過多的雕琢每易流於囉唆或矯揉。當時天色已晚，便叫他們不如回家才完成，然後把作品上載網上。

次日我上網瀏覽，見珠玉紛陳。這裏且擷錄一首，是紙鳶同學寫的〈笑着的薔薇〉；詩內所用的句子有她自己的，也有對岸夥伴 Terence 的：

閉上眼睛還看見
那因你而愛上文學的日子，
抽屜裏仍存有
你給我的長恨歌。
那些歲月
我們在榕樹下看書
在黃色小花旁邊奔跑。

下課後總喜歡
和你在小路上説着夢想，
説至碧草連天，夜幕低垂，看不見草色。
你説你希望有一座城堡，
火燒不掉，水淹不沒，敵人走不進來。
我卻願地球每一角落都有你我的足跡。

時針指着六和七之間，

我只看見我的手在跳舞⋯⋯
我筆尖的影在獨舞⋯⋯

或許
某天我們會在夜幕低垂，
滿眼是黑色和昏黃的燈光下擦身而過。
又或者我們會停下來訴說近況，
那時你必笑得像風中的薔薇。

　　港大那邊廂，熊佩詩的創作夥伴羊一，則寫成了如下的
小詩：

晨早的陽光
照亮
上學的步伐
我輕身一縱⋯⋯逃避
妳
眼神的追蹤⋯⋯。
球場上⋯⋯
十指緊扣
認真的視線⋯⋯一次
又一次投進籃框
妳
陶醉的目光⋯⋯一個

又一個投落眼框

眉梢……興奮……

卻願留在欄柵隙縫間

不敢接近……。午後……

慵倦的走廊昏昏欲睡

體貼的白雲輕靠

溫柔的天

大汗淋漓的眼神

躺於黑板……刻意地

在

狹小的空間

偷偷相遇……。